# 中国儿童全效成长攻略 0-1岁
## 健 康 成 长

中国（0-6岁）儿童成长指标体系

8+1儿童成长模式

北京师范大学教育学部·芝兰玉树教育研究院
《中国（0-6岁）儿童成长指标体系》科研项目组 编著
杨 威 总策划　朱文英 主编

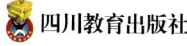

四川教育出版社

图书在版编目（CIP）数据

中国儿童全效成长攻略. 0~1岁：健康成长 / 北京师范大学教育学部·芝兰玉树教育研究院，《中国（0-6岁）儿童成长指标体系》科研项目组编著. —3版. —成都：四川教育出版社，2014.3

ISBN 978-7-5408-6415-6

Ⅰ.①中… Ⅱ.①北… ②中… Ⅲ.①学前教育—教学参考资料 Ⅳ.①G613

中国版本图书馆CIP数据核字（2014）第039892号

| | |
|---|---|
| 责任编辑 | 赵　文 |
| 封面设计 | 魏雨曦 |
| 内文设计 | 武　韵 |
| 插画设计 | 贝瓦糖果工作室 |
| 出版发行 | 四川教育出版社 |
| 　　地　　址 | 成都市槐树街2号 |
| 　　邮政编码 | 610031 |
| 　　网　　址 | www.chuanjiaoshe.com |
| 印　　刷 | 四川大学印刷厂 |
| 制　　作 | 四川胜翔数码印务设计有限公司 |
| 版　　次 | 2014年5月第1版 |
| 印　　次 | 2014年5月第1次印刷 |
| 成品规格 | 170mm×235mm |
| 印　　张 | 13.25　插　页　10 |
| 定　　价 | 42.00元 |

如发现印装质量问题，请与本社调换。电话：(028)86259359
营销电话：(028)86259477　　邮购电话：(028)86259694
编辑部电话：(028)86259381

芝兰玉树教育研究院　www.zlysedu.org
贝瓦网　www.beva.com
北京芝兰玉树科技有限公司　www.slanissue.com
版权所有：北京芝兰玉树科技有限公司

芝兰玉树
Slanissue

**总策划 杨威（Alvin）**

芝兰玉树集团 董事长、首席执行官
芝兰玉树教育研究院 总院长
"贝瓦"品牌创始人

　　"中国梦"的实现，中华民族的伟大复兴，需要依靠一代又一代的人，而人的进步来自于教育，教育的起点在于学前。

**主编 朱文英（Judy）**

芝兰玉树教育研究院 执行院长

　　人生百年，立于幼学。
　　植树要植松柏，育人要育英才。

# 儿童造梦师

杨威　Alvin

小时候，
有一位白发老爷爷，
送给我一颗种子。
他告诉我，
这是一颗梦的种子，
只要和伙伴一起，
用爱种下，
用心呵护，
就能收获一个梦。

于是，
我和伙伴们，
共同将这颗种子种下，
并将梦与爱埋在土中，
用心呵护。
我们都在憧憬与猜想：
也许，它会变成典雅的兰花，
也许，它能长成参天的翠树。

随着种子的成长，
伙伴们也在长大。
品尝了苦乐酸甜，
读懂了离合悲欢。
而我们，却一直在守望，
守望着那份希望，那份梦想。

这一刻，它将破土，
去享受阳光雨露，
去迎接狂风暴雨。
也或者，我们等不来什么……
但你我都知道，
无论是否有丰硕的果实，
这份付出，这些回忆，
才是弥足珍贵。

我们共同守望：
有一天，
这里生长出的不仅是芝兰玉树，
更是无尽的思想、创造力，
以及五颜六色的梦。
我们要把数不尽的，蜂蜜般味道的种子……
传遍世界每个角落，
播种在每个孩子的心田。

在这里，
我们共同见证这个时代，
一个属于儿童造梦师的时代。

# 《中国儿童全效成长攻略》丛书

**科研项目策划**

**顾定倩**

北京师范大学教育学部副部长，教授、硕士生导师

**张京彬**

北京师范大学教育学部部长助理，博士、硕士生导师

**杨　威**

芝兰玉树集团　董事长、首席执行官
芝兰玉树教育研究院　总院长
"贝瓦"品牌创始人

**主　编**

**朱文英**

芝兰玉树教育研究院　执行院长

## 学术顾问委员会

### 霍力岩

北京师范大学教育学部　教授、博士生导师
学前教育研究所　所长

### 程方平

中国人民大学　教授、博士生导师
中国民主促进会中央教育委员会副主任
中国书法家协会会员

### 刘美凤

北京师范大学教育学部　教授、博士生导师
中国人工智能学会计算机教育专业委员会（全国CBE专业委员会）副理事长
英国杂志 *British Journal of Educational Technology* 中国地区通讯主编

### 朱莉琪

中国科学院心理研究所　研究员、博士生导师
中国心理学会发展心理专业委员会副主任
国际行为发展研究会（ISSBD）中国地区协调员

### 吴安春

中国教育科学研究院　研究员
全国教师教育学会学术委员
中国孔子学会理事

感谢曾李青先生和甘剑平先生，

　　对学龄前儿童教育伟大事业的热心支持与倾力帮助！

# 目 录

### 序 文
让中国的学前教育更为理性地发展 / 001

拥抱朝阳，爱在用心中演绎 / 005

### 制定说明与使用建议
"中国（0-6岁）儿童成长指标体系"制定说明 / 009

"中国（0-6岁）儿童成长指标体系"使用建议 / 013

### 儿童成长阶段性特征
婴幼儿大脑与动作发展及其影响 / 003

儿童语言发展阶段特征 / 007

儿童认知发展 / 014

情绪、个性和社会性发展 / 025

了解儿童游戏 / 033

玩具与游戏材料 / 047

掌握儿童成长关键期 / 057

社会文化对儿童成长发展的影响 / 069

中国（0-6岁）儿童成长指标体系

★ 健康领域

 全身动作与大动作 / 078

 精细动作 / 079

 人体认识与保护 / 081

 安全意识与防护 / 081

 心理健康 / 081

 生活自理 / 081

 食物与营养 / 082

 卫生与健康行为 / 082

★ 语言领域

 语音声调 / 086

 词汇、句子和语法 / 087

 倾听和理解 / 087

 说与交流 / 088

 早期阅读 / 089

 书面表达 / 089

 文学欣赏 / 089

★ 科学领域

　　物质科学 / 093

　　地球资源与环境 / 093

　　生物科学 / 093

　　宇宙的起源与演变 / 094

　　科学家与科学的历史 / 094

　　科学探究 / 094

★ 数学领域

　　数的概念 / 098

　　集合与分类 / 098

　　几何图形 / 098

　　空间与时间 / 098

　　量的比较与自然测量 / 098

　　加减法运算 / 098

　　数据分析、概率和预测 / 098

★ 社会领域

　　自我意识 / 102

　　社会认知 / 103

　　依恋发展 / 103

　　性别角色 / 103

　　亲社会行为 / 103

　　社会适应 / 103

　　社会行为技能 / 104

★ 习惯领域

　　生活习惯 / 108

　　卫生与健康习惯 / 108

　　饮食习惯 / 108

　　运动习惯 / 108

　　理财习惯 / 108

　　文明的行为习惯 / 108

　　道德习惯 / 108

　　学习习惯 / 108

★ 美术领域

　　色彩与形状感知 / 112

　　工具和材料 / 112

　　绘画 / 112

　　手工 / 112

　　装饰与美化 / 112

　　美术情绪体验与表达 / 112

★ 音乐领域

　　听辨 / 116

　　歌唱 / 116

　　韵律 / 116

　　节奏 / 117

　　乐器 / 117

　　表演 / 117

音乐欣赏 / 117

★ 综合领域

感知 / 121

探索 / 121

观察、问题和假设 / 121

收集并建构知识 / 121

信息组织与理解 / 121

问题解决 / 121

学习品质 / 121

媒体素养与信息技术 / 121

**进阶智慧库，专题推荐**

【安静入睡】

★ 专家观点

关注睡眠品质，关爱孩子健康 / 126

★ 睡眠环境

创造舒适的睡眠环境 / 128

选择合适的睡前音乐 / 129

睡前故事为孩子助眠 / 130

★ 睡眠习惯

该不该和孩子一起睡 / 131

摇晃孩子入睡好不好 / 132

睡出美丽脸蛋 / 132

宝宝夜啼的原因 / 133

★ 睡眠时间

宝宝该睡多长时间 / 134

让宝宝享受午睡 / 135

【宝宝认生了】

★ 专家观点

认生是孩子成长的必经阶段 / 137

★ 正确看待孩子认生

孩子完全不认生好吗 / 139

什么样的孩子更容易认生 / 140

★ 孩子认生怎么办

培养孩子不认生的小训练 / 142

抓住认生期，建立安全依恋 / 143

★ 关于认生的小疑问

母子分离，影响亲子依恋 / 145

孩子何时开始认生 / 146

认生期孩子需要更多的关爱 / 146

【宝贝学说话】

★ 专家观点

幼儿学说话需重视 / 148

★ 宝宝语言能力的发展

宝宝发音的一般顺序 / 150

★ 发展语言能力策略

　　给宝宝创造说话的机会和环境 / 154

　　用故事和图书启蒙宝宝学说话 / 155

　　利用歌曲、游戏发展宝宝语言能力 / 155

　　多听才能多说 / 156

★ 常见语言教育误区

　　宝宝学说话的误区 / 157

★ 小童谣

　　宝宝喜欢的小童谣 / 159

## 轻松育儿Q&A

母乳喂养的好处有哪些？ / 163

喂宝宝配方奶粉，需要注意哪些事项？ / 164

黄疸来了，怎么办？ / 164

为宝宝添加固体食物，要注意哪些问题？ / 165

什么是幼儿急疹？ / 166

孩子学走路时，应该使用学步车吗？ / 167

定期体检，需要关注哪些事项？ / 168

如何通过训练，促进儿童听觉能力发展？ / 170

如何通过训练，促进儿童视觉能力发展？ / 171

挖掘家庭环境的教育价值与教育作用 / 171

如何为儿童选择合适的游戏与玩具 / 172

参考文献 / 174

北京师范大学教育学部简介 / 180

芝兰玉树教育研究院简介 / 181

"多种媒体在学前教育中应用研究"课题组简介 / 182

《中国（0-6岁）儿童成长指标体系》科研项目组简介 / 184

编后语 / 185

## 让中国的学前教育更为理性地发展
### ——评《中国(0—6岁)儿童成长指标体系》的编制与出版

程方平 中国人民大学教授、博士生导师

近年来,随着人们生活水平的提高和综合国力的增强,学前教育受到了全社会前所未有的关注。不仅呼吁学前教育进入"义务教育"范围的呼声巨大,而且社会上与学前教育相关的机构数量迅速增长,早教产品也大量涌现,但早教乱象也由此而生。我们注意到:早教产品五花八门、千姿百态、良莠不齐,有关幼儿教育的各种商业化误导此起彼伏、乘风造势,使广大的儿童家长越来越迷茫和紧张,不少学前教育机构也难有清晰的发展思路和原则坚守。

为了使中国的幼儿教育能从市场的乱象、目标的迷失、实践的困惑中理智地走出来,就必须有对幼儿教育基本价值、目标、领域、方法的了解和判断,了解人类发展至今,对幼儿教育应有的、最基本的理性和责任。

中国是文明历史悠久且富于教育智慧的国家,在5000多年的文明史中不乏儿童教育的思想与经验。面对当下在幼儿教育领域中的种种问题与困惑,面对外部世界的种种声音和诱惑,中国最有效的对策就是回归根本,认清实质问题,把握发展的关键,而不是随风飘忽、迷失自我。

记得从20世纪90年代开始,国内对幼儿教育的推动主要靠民间。一方面,80%以上的幼儿教育机构都是民办幼儿园,在幼儿教育的实践方面有过多方面的实践和许多创新的亮点;另一方面,幼儿教育的市场化和普惠性从不同方面推动着中国学前教育的发展,与各类学前教育需求相应的产品、服务层出不穷、良莠混杂,也使得广大儿童的家长莫衷一是、满心纠结。

在这样的大背景下,我在2010年认识了芝兰玉树团队的一批有识之士,并很认同他们在探索儿童教育方面的理念、设想与实践。他们的着眼点和做法不是消极地被市场左右与裹挟，进而忽略对儿童发展最重要的责任和使命；而是试图通过自己的真诚探索，为国人的儿童教育提供理智和可行的帮助。着手研究和编制《中国（0—6岁）儿童成长指标体系》（以下简称"指标体系"），便是他们看重的重要基础工作之一。

在进行多次研讨、咨询的同时，芝兰玉树团队的领导和骨干人员还多次到我所在的人民大学教育学院借书、访谈和讨论，对推进中国的幼儿教育进行了多方面深入务实的探讨。与此同时，他们也争取到北京师范大学、中国教育科学研究院、中国科学院等院校和科研机构的专家从多方面支持，并密切关注国际上和联合国教科文组织的相关思想与动态，力争使编制的"指标体系"既具有中国特色，又具有世界先进水平。可见，作为一个民间的教育企业，他们志存高远、立意高远的定位，使其发展模式不同凡响，他们的团队在同行业中也明显地具有潜在的巨大优势。

应该承认，当芝兰玉树最初提出要做"指标体系"时，我感到非常惊奇。因为，在我接触过的许多教育企业中，像他们这样有意识、有胆识和有担当的企业并不多见。即便是一些财力过人、实力强大、经过风浪的教育企业，有如此自我期待和思想追求的，也并不多见。

再从研究的角度看，尽管有些专家会担心，由某一公司牵头研究和编写出来的"指标体系"，内容可能不够专业，但我对此还是充满信心的。在与他们接触的三年多时间里，在与他们进行的多次交往中，我能真切地感觉到，他们的这一努力是真诚的、负责的、愿意付出和不计成本的，所以，编好"指标体系"他们是够条件的。而且，事实证明，他们有兼收并蓄、市场检验、了解需求等多方面一般学者不具备的优势，也可在一定程度上减少学科或学派偏见带来的问题。我认为，一项标准有无价值，有无科学性和可行性，关键不在于是由谁编制的，而在于编制者是否有科学的态度，是否有对客观规律的敬畏，是否有对教育的责任与使命意识。

这次由芝兰玉树推出的"指标体系"，内容框架建构的基础与内容结构设计比较合理。内容框架构建基础，主要涉及婴幼儿大脑与动作发展及其影响，儿童语言发展阶段特征，认知发展，情绪、个性和社会性发展，儿童发展关键期，了解儿童游戏、玩具与游戏材料，社会文化对儿童成长发展的影响等八大方面。"指标体系"具体内容包括：

1. 健康：全身动作与大动作、精细动作、人体认识与保护、安全意识与防护、心理健康、生活自理、食物与营养、卫生与健康行为。

2. 语言：语音声调、词汇与句子和语法、倾听和理解、说与交流、早期阅读、书面表达、文学欣赏。

3. 科学：物质科学、地球资源与环境、生物科学、宇宙的起源与演变、科学家与科学的历史、科学探究。

4. 数学：数的概念、集合与分类、几何图形、空间与时间、量的比较与自然测量、加减法运算、数据分析与概率和预测。

5. 社会：自我意识、社会认知、依恋发展、性别角色、亲社会行为、社会适应、社会行为技能。

6. 习惯：生活习惯、卫生与健康习惯、饮食习惯、运动习惯、理财习惯、文明的行为习惯、道德习惯、学习习惯。

7. 美术：色彩与形状感知、工具和材料、绘画、手工、装饰与美化、美术情绪体验与表达。

8. 音乐：听辨、歌唱、韵律、节奏、乐器、表演、音乐欣赏。

9. 综合：感知、探索、观察、问题与假设、收集并建构知识、信息组织与理解、问题解决、学习品质、媒体素养与信息技术。

从人体框架和内容来看，该"成长指标"不仅符合教育部曾经提出的原则和要点，与联合国教科文组织提出的一系列教育改革的重要思路相吻合，还有不少重要的补充，增加了"成长指标"的本土性、可行性、通俗性、大众性、普世性、实验性、整体的相关性与协调性。对此，在该"指标体系"的"制定说明"中，已有非常到位和明确的解释，其价值定位与方法和路径的选择，都是令人信服的，因而也容易唤起人们的共鸣，对中国当下和未来的幼儿教育产生积极和有益的影响。

当然，作为一种积极而有价值的尝试，"成长指标"的研制，还只能是重要的开端，而非不用质疑的育儿"圣经"或"宝典"。它不是可以照单抓药的"验方",却是可以参照和倚重的原则。比如,在强调学习国外的先进经验、技术、工具和思想的同时,特别强调中国传统和资源的重要性。在引导家庭、幼儿园、儿童、教师关注教育的新技术时,还要有意识地强调真实生活、社会环境、动手实践的重要作用。

当然,依据当下人类对儿童教育的基本认识和有限见解,该"成长指标"不可能十全十美、无懈可击,但以此为基础的各类探索,很可能会有超越前人和同行的潜质。加上芝兰玉树公司以及他们的团队还有反思、检验、修订的很多机会,有不断创新、务实求真的原则精神,相信这一开拓性的尝试会对他们的事业,以及当代中外幼儿教育的发展,产生巨大的推动作用。

"成长指标"的编制与出版,在某种程度上说明中国的幼儿教育已经在从盲目、混乱的状态逐渐走向务实与理智,而且作为非专门从事研究的企业,北京芝兰玉树科技有限公司在制定"成长指标"方面,不仅有着专业的敏感,也确实走在了前面。这说明,在未来的学习型社会的发展进程中,最能够把握行业标准、专业精神和时代需求的一方,不一定只局限于正规的教育与科研机构,也不一定只局限于政府的主管机构,很可能就是企业或非政府组织。

鉴于以上种种理由,我认为北京芝兰玉树科技有限公司所做的这一幼儿教育"成长指标",以及该指标的精心研制和及时出版,在当下中国的幼儿教育领域,是很值得关注与借鉴的。我也希望这一"成长指标"的研制与推广能与中国的幼儿教育事业、与人们不断增长和变化的幼儿教育需求息息相关、相得益彰,并且与时俱进、不断完善。

## 拥抱朝阳，爱在用心中演绎

**杨威**

芝兰玉树集团　董事长、首席执行官

芝兰玉树教育研究院　总院长

"贝瓦"品牌创始人

**朱文英**

芝兰玉树教育研究院　执行院长

儿童是早晨的太阳，注定要冉冉升起，温暖世界。儿童是希望，儿童是未来，儿童是几十年后我们赖以生存的这个世界的中流砥柱。因此，当前我们以什么样的理念培养儿童，以什么样的方式教育儿童，就决定了几十年后这个世界发展的方向、模式与结果。从这个逻辑来讲，为儿童的学习与成长提供服务的任何事情，都具有影响未来社会发展走向的重要意义，都承担着无比重要的责任。

当我们决定投身于为儿童的学习与成长提供服务的事业时，我们开始承担起那份无比重要的责任——对儿童的责任、对家庭的责任、对社会的责任。清晰地认识那份责任，勇敢地承担起责任，以智慧的方式履行责任，是我们对自己坚定不移的要求，也是我们快速行动的方向指针，更是我们检验自己行动是否有效的重要标准之一。在这个过程中，"有爱""用心"自然而然成为我们的信念，指引我们每一个行动，激励我们去迎接一个又一个挑战。

服务于儿童学习与成长的事业，是朝阳般绚烂的，是能够深度激发人们的激情与希望的。我们理想的蓝图是宏大的，愿景是无比美好的。当然，我们也清晰地认识到，理想与愿景的实现，需要靠脚踏实地一步一个脚印的努力。我们要做的事情很多，首要让自己在所提供的服务领域中，变得越来越专业，变得越来越有能力，越来越有担当。那么，对我们来说，了解儿童与家长的需求、深刻认识儿童发展阶段特征、科学把握各个不同年龄段儿童的成长目标，就成为非常必要而且重要的基础性工作。

在当前的中国，家长越来越重视儿童的早期教育和智力投资，期待高品质的、适用的儿童学习产品与服务。在广泛、深入地调研儿童与家长需求以及市场现状的过程中，我们了解到，学龄前儿童学习产品，虽然种类繁多，但质量水平却良莠不齐。家长和教育工作者面对琳琅满目的商品和名目繁多的服务种类，常常感觉困惑、迷茫、难以取舍、无所适从。

我们自身发展的刚性需求，服务对象的多样困惑，以及市场非理性发展竞争的残酷现状，让我们深刻地认识到，中国需要一个科学、合理，具有公信力的有关儿童成长与发展的规范（标准），并用以指导学前教育产品与服务的提供者、实践者，科学地进行儿童学习产品研发、服务系统设计；支持家长和教育工作者，理性地为儿童选择适用的学习产品与服务；促进家庭、学校与社会，协同构建有利于儿童健康成长的学习与发展环境。

为了给中国儿童早期教育事业发展提供一个具有一定专业视野的参照，帮助那些爱孩子、关注孩子成长与教育的家长和教育工作者了解和掌握儿童发展阶段性特征、各个阶段的成长目标、实现目标的方法与策略，我们汇聚北京师范大学、中国教育科学研究院、中国科学院心理研究所、中国人民大学、华东师范大学、南京师范大学等知名高校、科研机构的专业力量，以及众多学前教育一线实践型专家，着手编著《中国（0—6岁）儿童成长指标体系》。

在专家学者、合作伙伴、团队战友等多方力量的支持与努力下，历经三年多时间的艰苦磨砺，我们幸运地完成了这套作品的编著工作。因为客观条件的限制，这套"指标体系"还不足以成为一份没有任何缺陷或瑕疵的著述，但这确是一份非常有系统、有价值的宝贵参照资料。亦是在各方力量的共同努力下，这套内容得以顺利出版，继而普惠中国的家长、幼儿教育工作者与儿童。在这套作品形成与出版过程中，我们经历了很多的挑战与挫折，所幸，众志成城，在各方友人的关爱下，在多种力量的支持下，我们克

 序文

服了一个又一个困难,跨越了一个又一个挑战,最终将这份承载着梦想、责任、爱心与希望的作品呈现在世人面前。

感恩,德迅投资的曾李青先生、启明创投的甘剑平先生作为投资人,一直以来对学龄前儿童教育伟大事业的热心支持与倾力帮助,使得我们能够在学龄前教育领域潜心基础性、引领性研究,并能聚焦关键资源安心研发优秀的内容和产品。

感恩,我们有爱的、用心的朝气蓬勃的团队。集团高管团队的战略性支持、教育科研团队的全心奉献、设计团队的爱心付出、技术团队的果断支撑、市场营销团队的合力传播,让这一套凝聚无数专业力量与爱心的作品,得以问世,并在广袤的中国大地上迅速传播。一盏盏青春的心灯,点亮爱的前程!

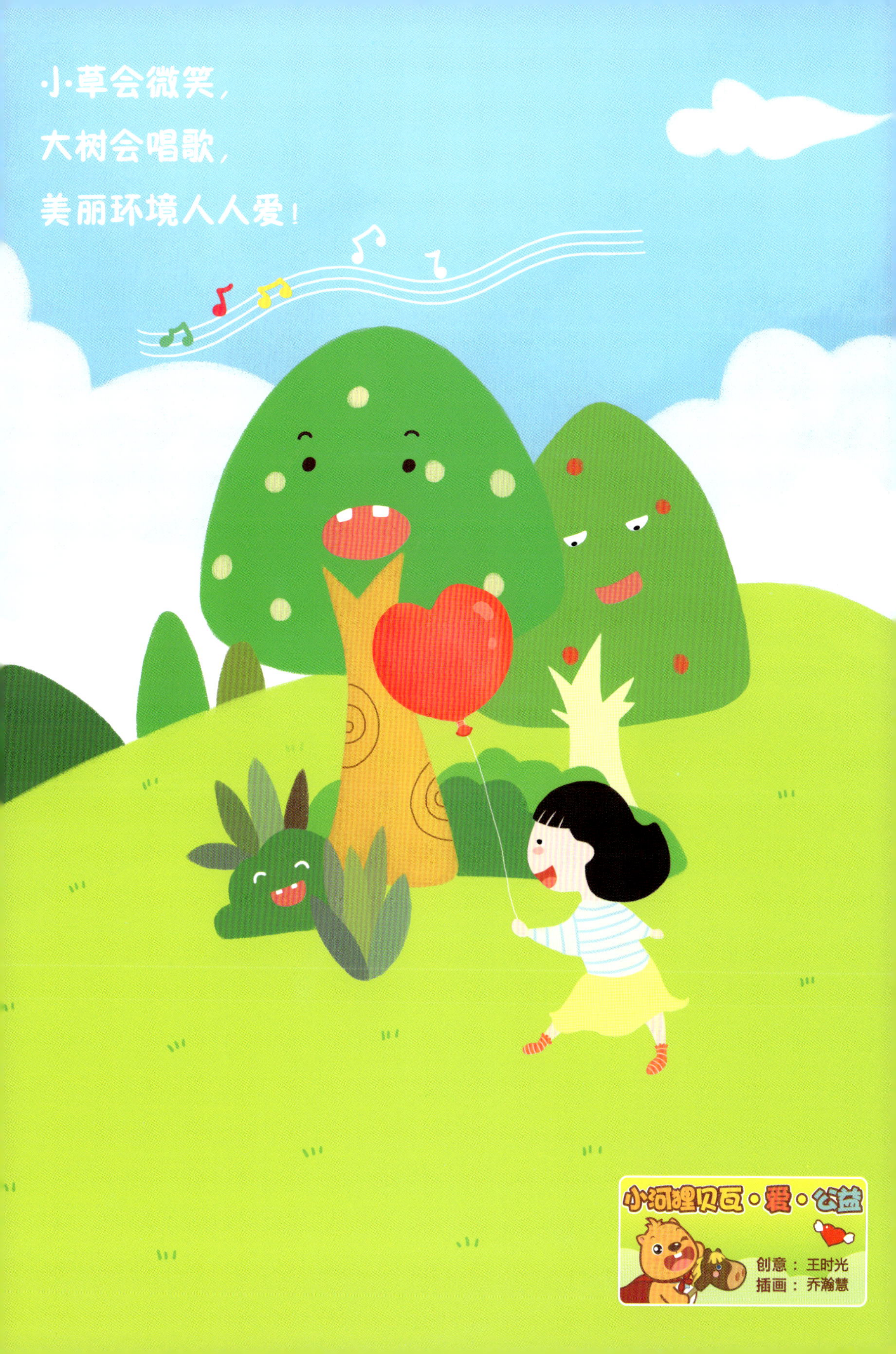

小草会微笑，
大树会唱歌，
美丽环境人人爱！

创意：王时光
插画：乔瀚慧

# "中国（0—6岁）儿童成长指标体系"制定说明

为了更好地理解"中国（0—6岁）儿童成长指标体系"在制定过程中所遵循的指导思想、依据、原则，方便使用者对体系构成、功能与作用，对指标体系与教育体系的关系有更加清晰的认识，特编写本说明。

## ○ 指导思想

联合国《儿童权利公约》指出：儿童教育的目的应是，"最充分地发展儿童的个性、才智和身心能力；培养儿童对父母的认同，对自身的文化、语言和价值观、儿童所居住国家的民族价值观、对其原籍国以及不同于其本国的文明的尊重；培养儿童对自然环境的尊重。"联合国教科文组织在《教育——财富蕴藏其中》的报告中指出，未来教育的四大支柱是，学会做人、学会做事、学会学习和学会与他人共同生活。融合中华民族优秀教育传统中"童蒙养正"的教育哲学与思想，我们致力于培养传承中华民族优秀传统文化的、具有国际视野和思维方式的、适应全球化背景下未来社会发展需要的全面和谐发展的儿童。

○ **制定依据**

1. 理论依据

理论的价值在于为人们思考、解决问题提供思维模式或者框架。对不同的理念的信奉，必然导致不同的价值追求和不同的行为方式。"中国（0—6岁）儿童成长指标体系"以皮亚杰儿童发展阶段论、维果茨基最近发展区理论、建构主义学习理论、因材施教与个性化学习理论和生命教育理论为基础理论支撑，吸收和借鉴中西方儿童教育思想与实践的精华，在此基础上，思考和构建儿童成长与发展目标、实现目标的路径与方式，以及对目标本身与实现目标的相关因素进行测量与评估。

2. 实践依据

实践出真知，儿童教育实践是构建"中国（0—6岁）儿童成长指标体系"的出发点和归宿。在构建该体系的过程中，我们搜集了古今中外大量0—6岁儿童教育实践案例，包括家庭儿童教育案例和幼儿园教育案例，并对这些案例进行了细致、周密、科学的分析，总结、提炼、吸收、借鉴古今中外的儿童教育智慧，以此为基础，构建出适合中国儿童成长与发展需要的指标体系。

○ **制定原则**

1. 理论与实践相结合

重视理论与实践的有机统一是制定"中国（0—6岁）儿童成长指标体系"的基本原则之一。理论表征着看待问题的思维方式，是思维高度与宽度的源泉。实践研究是建构理论体系的坚实基础。我们吸收、借鉴了中国文化传统中关于儿童教育的优秀教育思想、皮亚杰儿童发展阶段论、维果茨基最近发展区理论等国内外先进的教育理论，收集、整理了基于《幼儿园快乐与发展课程》《幼儿园渗透式领域课程》等的大量典型幼儿园教育案例，以及数量庞大的家庭教育案例，在此基础上进行研究、提炼，总结出适用于中国儿童的成长与发展指标。

2. 促进儿童发展与满足家长需求相统一

儿童产品的使用者虽然是儿童,但是购买者是家长。人性化的儿童产品设计不仅要满足儿童的生理、心理需求,还要满足家长的需求。因此,在制定该指标体系的过程中,我们既高度重视儿童发展阶段性特征以及学习、成长的需要,也关照中国家长对儿童早期教育的热切需求。在为儿童设计每个阶段的成长发展指标的同时,指标体系也蕴涵了家长对孩子成长的愿景期待。

3. 国内外前沿科研成果相融合

我们生活在全球化高速发展的时代,在这样的背景下,我们要培养什么样的儿童?用什么样的理念和方式培养儿童?对这些问题的理性思考,让我们认识到未来的儿童要具有世界眼光、国际化思维方式,要具有中华民族优秀传统文化的涵养。我们广泛借鉴了美国、英国、澳大利亚等国家儿童早期教育发展指标,同时也对中华传统文化的精华进行了深入挖掘,融汇国内外的研究成果,制定具有中国特色的"中国(0—6岁)儿童成长指标体系"。

## ○ 体系构成

"中国(0—6岁)儿童成长指标体系"由"健康""语言""科学""数学""社会""习惯""美术""音乐"和"综合"九大模块构成。前八个模块以学科逻辑为基础参考原则划分,统称为"八大能力培养";第九个模块为"综合",代表意义为"综合素质提升"。"综合"模块与前八个专项模块之间是既相互独立又相互包容,我中有你、你中有我的关系。这一指标体系设计的基本出发点为既注重儿童专项能力的培养,又注重综合素质的提升。以这一指标体系为基础,可以开发设计出一系列的学习产品,应用此类学习产品进行的儿童教育实践,我们称之为"8+1儿童成长模式"。

○ **功能与作用**

"为儿童提供高品质服务",并不是用于市场宣传的标签,也不是用于空谈的标语口号。高品质服务,融入我们的一思一念一行一动之中;成就于我们每个人对于责任的理解与实践,对专业能力的不懈追求;外显于我们提供给儿童和家长的富有竞争力的高品质产品,以及能够让人感受到的温暖和爱的支持。

"中国(0—6岁)儿童成长指标体系"提供了科学理解儿童的视角和尺度,提供了与儿童学习、成长和发展相关的一些理论成果,提供了一个衡量优质儿童产品的参照指标,提供了一个理解儿童学习、成长方式的模式。这个指标体系存在的价值在于,为产品研发提供一套具有科学合理性的教育基础支持,以此服务于研发适合当代中国儿童与家长需要的教育产品;为市场宣传提供一个有关儿童成长与教育的框架,支持、理解和传播与儿童发展特征、学习、成长、教育相关的信息;为广大家长和幼儿教育工作者科学、理性地认识和支持儿童成长与发展提供一个思考的出发点与思维模式,提供一个实践的切入点。

# "中国（0—6岁）儿童成长指标体系"

使用建议

"中国（0—6岁）儿童成长指标体系"（以下简称"指标体系"），从多个维度、多个层次呈现了与儿童学习、成长和发展密切相关的一些理论、知识、技能等方面的结构框架信息。全面、深入、系统、融会贯通式地理解这些内容，并智慧地将其应用于日常教育实践之中，对于个人和团队专业知识积累与能力提升、对于为儿童提供学习产品与服务的事业的快速发展，都具有十分重要的意义。

## ○ 认识儿童是"指标体系"应用的基础

18世纪中叶以后，具有现代特征的儿童观念开始出现：与孩子有关的一切事情和家庭生活都成了值得注意的事情，不仅孩子的将来，他的现状也需要被关注，孩子成了家庭的中心。儿童是处在不断生长和发展变化之中的，而且主要在于内在的自然发展。这种发展包括生理和心理两方面。儿童期是人一生发展的重要时期。以儿童为中心，尊重

儿童，要依照儿童内在的发展规律促进其自然和谐发展。

### ○尊重儿童发展阶段性特征和发展规律

儿童，是自然人与社会人的统一体，不能将其割裂开来。儿童既不是成人的"准备阶段"，也不是小大人，而是有着特殊生理和心理特点、有无限潜能可以开发、有无限发展可能性的独立个体。儿童的身心发展状况是其各个方面实现发展的基础，具有阶段性、顺序性的特征。我们不能按照对待大人的方式对待儿童，必须科学认识儿童身心发展阶段性特征，尊重儿童成长和发展的规律，在此基础上，考虑儿童的生活、学习、成长和发展问题。教育要尊重儿童的天性与兴趣，让其依据兴趣自由发展；同时又要给予他们适合社会发展需要的以及自身成长和发展规律的指导，从而使他们获得充分而和谐的发展。

### ○如何看待儿童的学习、成长和发展

从出生开始，儿童就在与自己、成人和环境的互动中认识周围的世界，丰富自己的知识和能力结构，提升自己的生存适应能力。换句话说，儿童时时刻刻都处在学习、成长的过程之中。那么，我们需要考虑的就不再是是否让儿童学习的问题，而是选择让儿童接触、学习什么内容，选择什么样的学习方式进行学习，从而能够更有效率的问题。以促进儿童学习、成长和发展为价值追求而存在的教育活动，关注的是如何将人的潜力最大限度地调动起来并加以实现，以及支持人的内部灵性与可能性的充分生成。适宜的教育活动，能够塑造全新、积极的儿童，并通过建构一种崭新的儿童成长方式，让儿童在幸福快乐中健康成长，获得全面和谐的发展。

### ○理解儿童独特的存在方式：故事与游戏

故事与游戏，构成了儿童的存在方式。心理学研究显示，每个儿童都有"故事情结"。学龄前儿童的思维方式以直观形象思维为主，这种思维方式使得儿童容易喜欢上故

事，因为故事中有生动的情节、丰富的情感和可爱的小伙伴。游戏也是大多数儿童所钟爱的一种活动。英国思想家洛克认为儿童是天生的游戏者。游戏不仅是儿童的存在方式，还是儿童认识世界的工具和手段，是儿童对待世界的基本方式。儿童的学习、生活等方面都渗透着游戏的精神和态度。现在，游戏已经被看做幸福童年的象征和儿童应有的权利。如何让学龄前儿童在拥有"童年"的同时也能够拥有"教育"，就成为现代社会人们关注和思考的问题。

## ○ 如何理解"指标体系"中呈现的信息

首先，儿童的成长是全面的、立体的、具有发展性特征的，因此，对儿童相关信息的理解也是系统的、多维度的、多层次的、连继不断的。在"指标体系"中，包含了对儿童基本认识的论述，关于儿童发展阶段性特征的概括，关于儿童各年龄段、各个学习模块成长与发展指标的梳理，关于儿童游戏与玩具的理解。对上述内容全面、系统地理解，有助于我们深刻认识和把握儿童的真实需求，有助于科学引导家长在儿童学习与成长方面的关注焦点与重点。

其次，在对各个模块内容的关注中，要力求将认识的深度与宽度有机结合起来。中国人常说"意在言外"，语言的真正用意并不总是能够非常直白地表达出来，而是需要细细体会才能有更深刻的理解。我们要能够将具有高度概括意义的内容具象到可操作的层面；要能够将描述具体意义的内容进行高层次的概括，并进行适度的扩展。例如：当某一指标中提出"学会初步选择、使用与实验、探究有关的材料"时，要能够考虑到具体材料，例如放大镜、尺子等；当某一指标中提出"知道银杏树的名称、外形特征及其作用"时，要能够延展到杨树、桃树等植物。

再次，"指标体系"并不是一个涵盖儿童学习、成长、发展全部信息的百科全书，它更像是一个偏重于发挥向导、指引作用的线索地图。它告诉我们需要关注哪些方面的信息，并对该方面信息有一个基本的描述和解释，但是，若需要对某些方面的信息有较为深入的理解，则需要查阅相关资料。例如在基础理论部分，有的内容仅仅是一个基础性的说明，如若某些工作岗位或角色承担上需要更详细的相关知识，可以此为线索，铺陈开来查阅资料，进行更广泛、更有深度的学习了解。

### ○让理论、专业知识牵手儿童工作、教育实践

理论高度与实践宽度是相辅相成的统一体。理论来源于一线实践经验的总结，理论指导直接影响着个人和团队的思维模式，思维的高度、宽度与深度，以及解决问题的效益与效率。在某个专业领域内，专家与新手的区别就在于，前者获得了更高层次的理论支撑，有更广阔的实践经验的积累可供借鉴。因此，当面临领域内需要调动专业性质的高层次思维和专业技能解决的问题时，前者的思维方式和经验更有利于使问题得到圆满解决。无论是在方法还是策略上，前者都占有优势地位。

### ○对于为儿童提供学习产品和服务的机构

任何一个工作岗位，都有其特有的专业特点，都需要多个维度的专业知识和技能做支撑。在以为儿童提供学习产品和服务为价值追求的机构中，很多岗位的工作都涉及对儿童发展特征与规律的把握，都需要对儿童和家长的真实需求有较为准确的定位。这个指标体系为理解儿童特征与需求提供了一个较为全面、系统的有关学习与教育层面的基础性支撑，同时也能在一定程度上辅助理解家长的需求。

对于产品研发岗位的人来说，在融会贯通指标体系涉及的诸多模块内容的基础上，以润物无声的方式将此理念融入产品的设计与研发，将让其产品更适合儿童的需要、更受儿童和家长的青睐。对于市场传播岗位、销售培训支持岗位的人来说，既可以以此指标体系为线索支持团队理解儿童与家长的需求，也可将其部分内容设计为市场传播信息或培训支持课程。对于客户服务岗位的人来说，可以此指标体系为支撑，在儿童学习与发展领域成为家长信赖的教育顾问。对于艺术设计岗位、技术研发岗位的人来说，可以参考此指标体系更系统地理解儿童的认知特点与偏好，理解家长的偏好与需求，让艺术与技术支撑下呈现出的产品，不但能够满足儿童与家长的需要，还能够引领时代的潮流。

## ○对于广大家长

社会组织结构的进化，生命的自然孕育与传承法则，让男人可以成为父亲，让女人可以成为母亲。然而，在今天这样一个高速发展的时代，自然和社会所赋予的父亲或母亲的角色，不等同于你必然胜任这个角色的责任，更不等同于你天生就是一个优秀的父亲或母亲。在各级各类学校里，有各种学科各种门类的课程，但是几乎没有一种专门告诉你如何胜任父亲或母亲角色的课程。

爱自己的孩子，希望能够为自己的孩子开创幸福的人生，是为人父母者的天性。那么，如何实现这个目标呢？要知道，爱不仅仅是信念，更重要的在于行为。要成为一个拥有"爱孩子"能力的父亲或母亲，首先需要让自己拥有爱孩子的智慧和能力，这是真正爱孩子的基础和前提。什么是爱孩子的智慧和能力？了解孩子每个阶段的发展特征，了解在不同的年龄段孩子在各个方面发展应该实现的标准和水平，了解帮助孩子实现发展目标的策略和方法……这一切就构成了关于爱的博大精深的智慧与能力。

无论你的孩子在学龄前的哪一个年龄段，一两岁、三四岁，还是五六岁，整体了解和把握0—6岁孩子发展的阶段性特征和每个年龄段的成长指标，让自己成为专家型家长，对于为自己的孩子规划合理的学习与成长计划、因材施教地帮助孩子实现成长目标，都具有非常重要的现实意义。

空调温度刚刚好，
低碳生活为宝宝。

# 儿童成长阶段性特征

# 婴幼儿大脑与动作发展及其影响

**婴幼儿大脑机能的发展**

就像人体的其他器官一样,脑的基本构成单位也是细胞。构成人脑的细胞可以分成两大类:一类是建构大脑并使其产生神奇作用的功能性细胞,由这些细胞进行信息处理,我们称它们为神经细胞;另一类是维系神经细胞活动并为它们提供营养和支持的细胞,我们称它们为胶质细胞。人们给神经细胞设定了一个专门的名字——神经元,人脑有大约130亿个神经元。

大量研究结果表明,对于大脑可以完成复杂任务来说,神经细胞本身的复杂性并不那么重要。换句话说,神经细胞本身并没有多么复杂,最重要的是神经细胞之间的联系,这种联系才是大脑能够完成那么多不可思议的复杂任务的根源。

神经细胞与神经细胞之间是以一种电化学的方式,通过一个极细微的空隙相互联结到一起的。神经元之间这种特殊的联系方式,我们称为突触。一个神经细胞可以从其他细胞接受多达上千个突触的输入。神经细胞之间借助突触可以形成各式各样的复杂神经网络,因此神经网络的变数极大,这正是大脑可塑性的基础。

神经细胞是人体细胞的一种,同其他细胞一样,它也有一个从小到大、生老病死的过程。但是,它还有一个与其他细胞不同的地方,就是不能再生。神经细胞不能再生,但是它上面的突触却可以再生,是这种突触在进行相互连接的活动，这种活动才使神经细胞之间建立起联系。

脑的机能并不取决于脑细胞的绝对数量，而是与脑细胞之间建立起来的网络的复杂性密切相关。遗传决定了脑的硬件，但是更重要的则是由环境所决定的脑的软件。对于大多数人来说，由遗传造成的人的智能上的差异很小，而这个很小的差异与人们能够达到的成就水平相比，基本可以忽略不计。人们能力上的差异正是教育顺应脑的发展的自然结果，是大脑可塑性的表现。

婴儿脑的大小和功能都受其后天经验的影响和制约。在突触形成处于高峰的时期，婴儿大脑所受到的恰如其分的刺激对这一过程至关重要。典型影响来自于早期营养不良和早期经验剥夺。

营养状况的好坏对胎儿和婴儿脑细胞的发育有重要的影响。如果怀孕期母亲营养严重不良，婴儿出生时脑神经细胞的数目会比正常的数目少15%左右。婴儿出生后的最初6个月，如果严重营养不良，脑神经胶质细胞的数目也要比正常数目大大减少。

早期经验剥夺实验研究结果显示，让人类或动物在婴幼儿时期处于一种丰富的环境刺激之中，往往有利于个体获得各种相应的经验，心理发展和身体发育成熟度高。例如在人类实验中，选择一些婴幼儿作为实验组，让他们反复观看各种彩色图片、图形；另外选择一些婴幼儿作为对照组，不施加上述变量。实验结果发现，实验组在图形识别能力和学习能力方面明显优于对照组。

苏联神经心理学家鲁利亚博士根据大脑与机能之间的联系，通过大量的临床研究和实验室实验，将人的大脑分为三个主要的系统（基本功能区）。第一个基本功能区指大脑中心的部分，它提供了认识和心理活动的操作背景，负责人的注意活动。第二个基本功能区指人类大脑皮层的中央沟和外侧裂之后的部分，包括顶叶、颞叶和枕叶，是形成人的感知觉的场所，并在感知觉的基础上，完成对事物的认识。第三个基本功能区是位于中央沟和外侧裂以前的部分，即额叶，负责人的反映活动，并对脑的各部分活动进行统和，依据第二基本功能区的信息处理结果，进行规划和组织，完成人对于各种事物的反应活动。三大基本功能区的成熟期是不一样的，所以开发大脑也要与脑发育的各个阶段相一致。

## 婴幼儿动作发展及其对生理心理发展的影响

### 婴幼儿动作的发展

☆在有目的的动作形成阶段（4或5个月—9或10个月），婴儿开始对自己的动作所导致的结果感兴趣，并会为自己感兴趣的结果而重复相应的动作。这表明个体行为的"手段"与"目的"开始分化，感知运动智力初现端倪。

☆在手段与目的之间的协调阶段（9或10个月—11或12个月），动作作为个体实现目的之手段的功用性进一步明确。动作、目的与方法之间开始协调，开始将已有的动作范型组合起来使用，以达到新的目的。

☆11或12个月—18个月，婴幼儿能够通过偶然的尝试，发现新的动作方式，在实施动作的过程中，获得对客观世界的最初认识。在个体思维、智力发展的过程中，动作起着决定性的作用。

☆18—24个月，幼儿开始形成心理表征能力。他们可以对自己的动作及客观事物进行内部表征，开始了心理的内化过程。此时，婴幼儿可以通过在头脑中组合动作范型来构成达到目的的新动作，而不需要外显的试误动作。

☆尽管此时婴幼儿在解决问题时，无须完全依赖外显的试误动作，但是动作仍然具有不可替代的重要性。婴幼儿内部能力活动得以进行的工具是动作性再现表象，即婴幼儿是通过动作组织再现外界事物的特征和过去的经验的；另一方面，在很长一段时间内，当面临新问题时，婴幼儿仍然需要求助于外显动作，通过与客体的直接的相互作用解决问题、扩展认知。触摸在婴幼儿的感知活动中有重要作用。在保证安全的前提下，应当鼓励婴幼儿触摸行为的发生和发展。

☆婴幼儿动作发展的规律性

婴幼儿动作发展受生物预置程序化的制约，遵循一定的规律性，表现为：

1. 从整体动作向分化动作发展；
2. 从不随意动作向随意动作发展；
3. 具有一定的方向性和顺序性。

（1）头尾原则：从上到下，即从头部开始向脚部发展。

(2) 近远原则：从中心到外围，即从身体的中轴部位向周边部位转移。

(3) 大小原则：粗细指向，即从粗的动作向精细的活动发展，从大肌肉动作向小肌肉动作发展。

### 动作发展对婴幼儿成长的影响

☆婴幼儿运用已有的动作模式和感知觉对外界刺激作出反应，获得对环境的最初的知识。没有动作，婴幼儿心理就无从发展。动作是个体心理不断内化的基础，并为个体内化的心理活动提供丰富的素材，使个体心理的内化过程得以持续地进行。

☆动作对大脑的发育具有促进作用。不断练习、丰富、完善各种动作，可以促进大脑在结构上的发育，从而为个体早期心理的发展奠定良好的基础。

☆运动经验在空间认知发展中具有重大影响。手的抓握动作和独立行走等动作的发展可以促进婴幼儿空间认知的发展。动作使个体对外部世界各种刺激及其变化更加警觉，并使感知觉精确化。

☆动作使得婴幼儿的认知结构不断改组和重建。动作既可以促进个体认知结构内化不断充实，还可以通过提供新经验来引起个体原有认知结构与新的环境刺激之间的冲突、不协调，为打破原有认知结构，并促进其向新认知结构转换提供了现实的可能性。

☆随着动作能力的发展，婴幼儿与周围人的交往从依赖、被动逐渐向具有主动性转化。动作改变着个体与物理环境、社会环境的互动模式，使个体从被动接受环境信息变为主动获取各种经验，这种转化既促进了个体自主性、独立性的发展，又深刻地影响着个体的社会交往特点，进而对个体的情绪、社会知觉、自我意识等产生重大影响。

# 儿童语言发展阶段特征

## 0—1岁

**言语知觉的前语言发展**

一般都把婴儿出生到第一个具有真正意义的词产生之间的这一时期（0—12个月）划为前语言阶段。在汉语系统中，婴儿的前语言阶段，是在语言获得过程中的语音敏感期。

☆婴儿在出生后一周内，就已能区分人的语音和其他的声音，这种区分是类别性的。

☆0—1个月的婴儿已能对声音进行空间定位，并能根据声音的物理特征来辨别各种声音的细微差别，表现出对语音（尤其是母亲语音）的明显偏爱。

☆2个月—3或4个月为发音游戏期。婴儿已开始理解言语活动中的某些交往信息，能和成人进行"互相模仿"式的"发音游戏"，能够辨别、区分并模仿成人语音。

☆5个月—8或9个月为语音修正期。婴儿已能辨别语言的节奏和语调特征，并开始根据其周围的语音环境改造、修正自己的语音体系。

☆9—12个月为学话萌芽期。婴幼儿已能辨别母语中的各种音素，能把听到的语音转换为音素，并认识到这些语音所代表的意义。这使他们能够经常地、系统地模仿和学习语音，为语言的发生做好了准备。

☆10—12个月时，婴幼儿区分、辨别各种语音的能力已基本成熟，能辨别出各自母语中的各种因素。

## 前语言交流的发展

☆婴幼儿出生后9周就出现了类似于指示动作的姿势。

☆婴幼儿主要通过模仿和仪式化这两个途径来学习、掌握语言系统中的约定性指代关系。出生后半年里，婴儿就可以通过操作条件反射逐渐实现其交流行为的仪式化过程；9个月时能真正通过模仿来学习、掌握各种约定性的动作或关系。

☆婴儿9个月时即能有目的地进行交流，其标志是原始祈使和原始陈述行为的产生。

## 语言的发生发展

☆婴幼儿语言发生的时间是在10—14个月。语言发生过程中，婴幼儿之间也存在着较大的个体差异，婴幼儿最早可以在9个月时说出第一个有特定意义的词语。

☆4—6个月，成人应该为婴儿开口说话做准备。在开口说话前，父母要教孩子认识人或者物。例如：教婴儿认识妈妈时，可以问他："妈妈在哪里？"

☆6个月—1岁左右为喃语阶段。这个阶段中婴幼儿能自言自语地发出声音，但不知表示什么意思，就是咿呀学语阶段。婴幼儿能理解成人的一些面部表情和语调，例如：成人板着脸呵斥他，他就会哭；也能对成人的某些手势和简单指令作出相应的反应，例如：成人对婴幼儿说"笑一笑"，他就会笑。

☆8个月左右到一岁多，婴幼儿常常使用动作跟父母交流，出现了手势语。例如：向父母张开双手，要求父母抱一抱；指着某件物品并看着父母，示意爸爸妈妈也看。（有些幼儿说话较为迟缓。若经检查不存在医学上的病变情况，则家长无须过度担心。）

☆对婴幼儿使用的第一批词进行生态学研究后发现，它们具有很强的场合约定性，即它们只能用来指代很有限的某个特定情境（场合）下发生（或出现）的某一特定之物，还不具备概括性意义，只具备原始的指代性、对应式的象征性和一定的交流意义，就好像是某一特定场合下特定事物的伴随物一样。

儿童成长阶段性特征

## 1—2岁

☆19个月时，婴幼儿已能说出约50个词。此后，婴幼儿掌握新词的速度突然加快，平均每月掌握25个新词，这就导致了婴幼儿19—21个月时"词语爆炸"现象的出现。在此后2个月内，婴幼儿说出第一批一定声调的双词句，从而结束单词句阶段，进入词的联合与语法生成时期。

☆大量研究表明，20—30个月，是幼儿基本掌握语法的关键期。

☆大约在1—1.5岁，幼儿的语言表达比较明确，标志着幼儿语音的正式发展。

☆从大约1.5岁开始，儿童的语言快速发展，到3岁、4岁时基本上已经掌握了本民族语言中的全部语音音调，发不准的语音虽然还有一些，但那都是受幼儿生理发育和环境影响造成的。

☆单词句，指儿童用一个单词来表达成人用一个句子才能表达的意思。单词句，一般出现在1岁以后，1岁半以后用得最多。例如："球球"表达的意思可能是"球是我的"。儿童单词句所用的词主要是名词或动词，所表达的内容一般是与儿童生活有关的描述、请求、提问和要求等。

☆2岁前，婴幼儿与成人的交流以非语言交流为主，因此父母不要因为孩子不会说规范的语言而忽视他们的语言发展，而要充分运用手势、体态语言与他们交流。

☆1岁半到2岁的儿童语言中开始逐渐出现电报句。电报句，指儿童将两个词或三个词组合在一起的句子。电报句所表达的意思较单词句明确，但表达形式断续简略、结构不完整，类似成人发电报时的语言。布朗的研究认为，儿童的电报句有11种形式。

☆2岁左右，儿童开始出现简单句。简单句，指最简单的完整句。有统计表明，2岁时，儿童使用完整句占使用句子的63.78％。

☆我国儿童在2岁时就有并列复合句出现。

☆儿童对语言的模仿在1—2岁时比较多。

☆在1—1.5岁的阶段，婴幼儿理解的名词和动词很多。名词主要是周围生活中的、所熟悉的家用物品，人物的称谓、动物的名称和特征较明显的身体器官。

婴幼儿理解的动词首先是表示身体动作的，其次是事件和活动的能愿动词（例如"想要"等）和判断动词（例如"是、不是"等）。

## 2—3岁

☆2—3岁是儿童基本掌握口语的阶段，这一阶段将持续到入学前。因此，2—3岁是个体口头语言发展的关键期。

☆大约在两岁半以后进入实词句阶段。

☆大约2岁半以后开始掌握语言的语法系统，往往出现概括现象。例如"妈妈买，妈妈买"，至于买什么谁也搞不清楚。

☆2—3岁幼儿发音器官逐渐成熟，在发音方面的困难日渐减少。唇音基本没有困难，但是舌头发音还比较困难。例如"zh、ch、sh、r"等，少数幼儿"g、k、h、u、e"发音也有困难。

☆2—3岁是幼儿词汇量迅速增长的时期，也是对语言理解能力迅速提高的时期。幼儿能理解的词汇达900多个，对词义的理解也日益接近成人用词的含义。

☆2—3岁期间所使用的句子中，简单句占大多数，主要有主谓结构和主谓补结构。复合句是省略连词的简单句的组合。

☆3岁左右，幼儿能说完整的句子，说话方式和成人差不多，能用完整的句子与人交往，表达个人的要求及愿望。

## 3—4岁

☆3岁时儿童能够使用描述人的外貌特征、情感和个性品质的形容词。

☆儿童掌握的词类与概念的发展密切相关。名词、动词、形容词，反映事物及属性的词幼儿容易掌握，副词比较抽象，幼儿掌握难。虚词反映事物之间关系，因此，幼儿掌握起来更难。

☆3—4岁幼儿语言器官尚未得到充分发育，存在发音不清、词汇贫乏的问题。语言和词汇方面的教育应是这阶段语言发展的重点。

☆3岁左右的幼儿还不善于有意识地听成人讲话。这个阶段要培养幼儿听成人和同伴讲话的能力和习惯。

☆3—4岁为儿童语音发展的飞跃时期，语音发展速度最快，到4岁时基本上已经掌握了母语的全部语音。

☆3—4岁是儿童词汇量增长最快的阶段，

☆以后增长速度逐渐减慢。

☆3－4岁儿童所讲的句子中，以4－6个词组成的句子居多。

☆儿童看图说话的内容量随年龄的增长而递增，3岁半时可讲56.9%；4岁时能讲61.9%。3岁儿童出现部分主动讲述。3岁半的儿童大多能进行主动讲述，其人数占总人数的72.9%。

☆幼儿动作表达以发展核心动作并进行拓展为主，4岁是动作表达的转折期。

☆幼儿使用的联合复合句多数为并列复合句，反映两个简单句子的并列关系，常用"还""也""又"等连接词。

☆3－4岁幼儿使用因果复句还比较困难，即使出现这种复句也没有连接词。如"我不吃饭，我在幼儿园吃饭了"。

☆3岁时，使用行动状语增多，如"他们蹦蹦跳跳地玩"。

☆3－3.5岁，幼儿句子中修饰语的数量迅速增长，4岁以后，有修饰成分的句子开始占优势。

☆中国3岁儿童词汇量达1000个，4岁时达1730个，增长率为73%。其中名词935个（54.0%）；动词431个（24.9%）；形容词204个（11.8%）；代词18个（1.0%）；量词28个（1.6%）；数词53个（3.1%）；副词24个（1.4%）；助词14个（0.8%）；介词10个（0.6%）；连词6个（0.3%）；叹词7个（0.4%）。

☆3－5岁是幼儿语言表达能力发展的快速期。

## 4－5岁

☆4岁以后，是儿童使用形容词快速增长时期，4.5岁开始使用描述事件情景的形容词。

☆4－5岁是幼儿词汇量大量积累的阶段，不仅词的数量大量增加，用词的质量也明显提高。引导幼儿将消极词汇转变为积极词汇，提高口语表达能力应是这个阶段语言发展的重点。

☆对4岁以后的幼儿，要逐渐培养他们良好的倾听习惯，即要求幼儿能安静地、有目的地、耐心地倾听，不弄错别人的意思，并能记住别人讲话的内容。

☆中国儿童4岁时词汇量为1730个，5岁时词汇量为2583个，增长率为49.3%。其中名词1446个（56.0%）；动词579个（22.4%）；形容词308个（11.9%）；代词22个（0.9%）；量词46个

(1.8%)；数词114个（4.4%）；副词28个（1.1%）；助词14个（0.5%）；介词12个（0.5%）；连词7个（0.3%）；叹词7个（0.3%）。

☆4－5岁儿童掌握形容词的速度最快。据研究，学龄前儿童运用最多的形容词有30个，主要是表示事物的外形特征、颜色特征和感觉特征的词，如"红""白""圆""烂""干净""大""小""高""长""胖"等。

☆4－5岁儿童说的句子中以含7－10个词的句子占多数。

☆儿童看图说话的内容随着年龄的增长而递增，5岁时能讲述故事内容的77.8%。

☆4岁儿童中能主动讲述的人数比例已达到78%。

☆4岁儿童会使用一些地点状语。如"我在动物园里看见了长颈鹿"。

☆转折复句，这种句子都带连词，其中最常见的是"但是""可是"，在幼儿语言中转折复句数量很少，4岁前几乎没有，此后开始有一定数量的递增。

## 5－6岁

☆5－6岁幼儿发音已基本没有问题，亦积累了相当量的词汇。对其连贯性语言的培养，应是这个阶段语言发展的重点。

☆对5岁以后的幼儿，要重点培养他们良好的倾听习惯——能主动、专注地倾听别人谈话，迅速掌握别人谈话的主要内容；能听出有错误或不完全的部分，并进行修正或补充；不中途插嘴，能有礼貌地听别人讲话。

☆5－6岁儿童使用的句子中，多数句子含7－10个词，有不少句子是11－16个词，平均句子长度为8.39个词。

☆儿童看图说话的内容量随着年龄的增长而递增。6岁时能讲述故事内容的80.6%，并能主动讲述。（可有意发展幼儿简单的逻辑思维能力，理解因果、转折等逻辑关系。）

☆5－6岁儿童已经能正确使用"如果……就……"的条件复句。条件复句反映假设关系（如果……就……）和条件关系（只有……就……）。

☆5－6岁儿童能够使用含有"因为""为了""结果""要不然"等词的表示因果关系的句子。

☆5－6岁儿童，除行动状语和地点状语

外,还会使用一定数量的时间状语,如"妈妈昨天带我去动物园看长颈鹿了"。

☆中国儿童5岁时的词汇量为2583个,6岁时达到3562个,增长率为37.9%。其中名词2049个(57.5%);动词725个(20.4%);形容词382个(10.7%);代词25个(0.7%);量词70个(2.0%);数词225个(6.3%);副词40个(1.1%);助词14个(0.4%);介词16个(0.4%);连词9个(0.3%);叹词7个(0.2%)。

插画:宋雪

# 儿童认知发展

**感知觉的发生发展**

☆0—1个月的婴儿，已具备一定的视觉能力，获得了基本的视觉过程，视敏度达20/200—20/400，并具备了原始颜色视觉。

☆2—4个月，婴儿的颜色知觉已经发展得很好。4个月时，已具有正确的颜色范畴性知觉，其颜色视觉的基本功能已接近成人水平。有研究显示，国外儿童在4个月后，就有了某种程度的颜色偏好。我国儿童在1.5岁时还看不出明显的颜色偏好，但到2岁时就有了较明显的偏好，其顺序是红、黄、绿、橙、蓝、白、黑、紫，共同的倾向是更喜欢暖色调的颜色。

☆2岁幼儿中有30％左右能正确识别红色、白色、黄色。2.5岁幼儿中有95.8％能正确识别红、白、黄、黑、绿、紫、蓝、橙等8种颜色。但正确命名的比例不高，2岁时为7.9％，3岁时仅有25％。教育可以改变这种状况。

☆早期对儿童进行颜色识别的教育，效果是明显的（据李忠忱的研究）。儿童对颜色的辨别能力，一般来说女孩强于男孩，即儿童的颜色视觉有性别差异。

☆听觉的发生发展。正常健康的幼儿一生下来就有听觉（至少可以肯定的是在出生后24小时以内），可以说听觉是与生俱来的。1个月的婴儿能鉴别200赫兹与500赫兹纯音之间的差异。5—8个月的婴儿在 1000－3000 赫兹范围内能察觉出声频 2‰的变化（成人是 1‰），在 4000－8000 赫兹内的差别阈限与成人相同。

☆视听协调能力的发生发展。刚出生的婴儿就有最基本的视听协调能力。3－6 个月婴儿的视听协调能力已发展到能使他辨别视听是否一致的水平。据研究，6 个月以前婴儿已能辨别音乐中旋律、音色、音高、调性及其转换模式的不同，并初步具备了协调听觉与身体运动的能力。

☆味觉的发生发展。味觉感受器在胚胎 3 个月时开始发育，15 周时已初步成熟且能发挥作用。4 个月的胎儿已能感受到味觉刺激。新生儿的味觉发育已经相当好了，并在其防御反射机制中占有相当重要的地位。新生儿已明显"偏爱"甜食，且对甜、酸、苦和白开水的表情已明显不同。味觉在儿童期最发达，以后就逐渐衰退。

☆嗅觉的发生发展。孕育了 7－8 个月的胎儿时嗅觉感受器已相当成熟且具有了初步的嗅觉反应能力，已能大致区别几种不同的气味。新生儿已能对各种气味作出相应的典型反应，如"喜爱"好闻的气味等，还能够由嗅觉建立食物条件反射，并有初步的嗅觉空间定位能力。

☆触觉的发生发展。胎儿 49 天时就已经具有初步的触觉反应，2 个月时能对细而尖的刺激产生反应活动。新生儿已能凭口腔触觉辨别软硬不同的乳头，4 个月时则能同时辨别不同形状和软硬程度的乳头。手的本能性触觉反应在婴儿刚出生时便可表现出来。出生 4 个月以后的婴儿具有成熟的够物行为，视触协调能力已经发展起来。

☆空间知觉的发生发展。（1）方位知觉的发生发展。婴儿对外界事物的方位知觉是以自身为中心进行定位的。新生儿已具有基本的听觉定向能力，并成为婴儿早期空间定向的主导形式。（2）距离知觉的发生发展。新生儿已能对逼近物体有某种初步反应，并具备原始的深度知觉。2－3 个月时，婴儿已有了对来物的保护性闭眼反应。6 个月以前，婴儿已确实具备了立体视觉，也有研究显示，3.5 个月的婴儿就已有明显的立体视觉了。儿童的方位感知觉的发展具有年龄特征，3 岁儿童能辨别上下方位，

4岁儿童能辨别前后方位。

☆物体知觉。（1）形状知觉的发生发展。婴儿在3个月时具有了分辨简单形状的能力，在8—9个月以前就获得了形状恒常性，而且事实上可能比这还要早。（2）大小知觉的发生发展。4个月以前的婴儿就已具有了大小知觉的恒常性，6个月以前的婴儿已能辨别物体大小。婴儿大约在3个月时开始对物体具有整体知觉，能初步将物体与背景区分开来，但不能区别两个紧密联系的物体，婴儿4个月以后这种能力快速发展。

## 注意的发生发展

☆新生儿已经具有了注意的选择性，并具备了对外界进行扫视的能力。

☆1—3个月婴儿的注意力已经明显地偏向被曲线、不规则的图形，对称的、集中的或复杂的刺激物以及所有轮廓密度大的图形所吸引。

☆3—6个月婴儿的视觉注意能力进一步发展，平均注意时间缩短，探索活动更加主动积极，而且偏爱更加复杂和有意义的视觉对象。可看见和可操作的物体更能引起他们特别持久的注意和关注。

☆6个月以后，婴儿的注意不再像以前那样只表现在视觉方面，而是以更广泛和复杂的形式表现在吮吸、抓握、够物、操作和运动等日常感知活动中。这时的选择性注意越来越受知识和经验的支配，受到当前事物（或人）在其社会认识体系中的地位以及婴儿所知的自己与它们之间的关系的支配或影响。

☆婴儿的共同注意随着年龄的增长而逐步提高，在9个月左右有了显著的变化，但在1岁以前，该能力的发展水平都较低。共同注意是一种较复杂的社会认知能力，它的发生包含了一系列分化与协调的过程。婴儿既要关注他人，又要关注目标，还要将空间上完全分离的他人与目标联系起来，利用从他人那里获得的信息来调整自己的行为，将注意指向第三个物体。

☆1岁以后，语言的产生和发展使幼儿的注意又开辟了一个非常重要而广阔的领域，使其注意活动进入了更高的层次——第二信号系统。这时期幼儿的注意活动的一个非常显著的特点就是，当他听到成人说出某个物体的名称时，便会相应地注意那个物体。

☆3—4岁前，幼儿的无意注意占主导地位，集中性比较差，易变换注意对象，注意的持久性也比较差。

☆3—4岁开始，幼儿能按照要求调动自己的心理活动指向和集中于应该注意的对象，这时的注意称为有意注意。3—4岁的幼儿很难维持自己的有意注意活动，一般为3—5分钟。在这一阶段，动手操作活动对幼儿注意力的发展有重大影响。

☆4—5岁幼儿的有意注意一般在5—10分钟。

☆5—6岁儿童的无意注意已比较稳定，特别是对自己感兴趣的活动，其心理活动能十分稳定地进行。学前儿童在游戏中的注意可以持续很长时间。

☆5岁以后，幼儿能够按成人的要求主动自觉地把注意集中于他们并不感兴趣的活动中，并且能做到仔细观察。5—6岁的幼儿能够做到尽力保持自己的注意，以完成其活动。5—6岁儿童的有意注意一般在10—15分钟。

**记忆的发生发展**

☆新生儿末期已具备特定的长时记忆能力。

☆3个月婴儿对操作条件反射的记忆保持达4周之久。

☆9个月左右婴儿开始出现延迟模仿现象，即刺激物消失一段时间之后婴儿仍能进行模仿。如成人按压一个键使玩具发出声音，24小时之后，当小玩具再次出现时，婴儿也会按键使声音出现。

☆12个月以后，幼儿语言的产生和发展为其带来了很多重要的变化，如符号表征能力的产生，再现和模仿能力的迅速发展，延迟模仿能力的产生等。其中，符号表征的出现，使婴儿词语逻辑记忆能力的产生成为可能，而延迟模仿能力的产生则标志着婴儿表象记忆力及再现能力的初步成熟。

☆18—24个月，幼儿开始形成心理表征能力，可以对自己的动作及客观事物进行内部表征，开始了心理的内化过程。

☆2岁时，幼儿已有了比较稳定的延迟模仿能力。这种模仿表明幼儿已有了表象和表征的活动。

☆3岁儿童在同一个时间只能处理1个信息单位。

☆幼儿初期，无意识记忆占优势。凡是让

儿童感兴趣的、印象鲜明、强烈的事物就容易被记住。3岁的幼儿并未真正接受记忆任务，基本上只有无意识记忆，让记忆服从一定的目的还有困难。

☆关于视觉通道记忆容量的研究显示（再认测量），3－4岁幼儿保持量为7.47；有关听觉通道记忆容量的研究显示，3－4岁幼儿再认的保持量为8.92，再现的保持量为3.45。

☆在儿童成长早期，脑在不断地完善和成熟，脑的各区域活动分工和脑的成熟部位也有先后不同，先发育成熟的脑区域负责接受3岁前儿童获取的信息，比较晚成熟的脑区域主管4岁以后获得的信息，而后，晚成熟区域的活动完全控制了大脑的活动，压抑了早成熟脑部分的活动，原来的信息便无法提取。

☆记忆潜伏期。再现：3岁儿童能再现几个星期前的事物，4岁儿童可再现几个月以前的事物。再认：4岁儿童能再认1年以前的事。

☆有关视觉通道记忆容量的研究显示，4－5岁幼儿再认的保持量为11.38；有关听觉通道记忆容量的研究显示，4－5岁幼儿再认的保持量为11.80，再现的保持量为4.06。

☆5岁儿童能处理7个信息单位（在同一时间）。

☆3－7岁儿童，无论哪个年龄段，形象记忆效果都优于语词记忆效果。儿童两种记忆效果都随年龄增长而提高，而语词记忆效果的发展速率要高于形象记忆。

☆4－12岁的儿童关于记忆的知识显著增长，大脑逐渐成为一个主动的建构性的单位，它存储的不仅仅是对现实的复制，还有对现实的解释。

☆记忆潜伏期。4－7岁的儿童，往往能再认两年以前的事。4岁以后，儿童一般可再现很长时间（半年、1年、几年）以前的事物。

☆有关视觉通道记忆容量的研究显示，5－6岁幼儿再认的保持量为13.57；有关听觉通道记忆容量的研究显示，5－6岁幼儿再认的保持量为13.38，再现的保持量为5.29。

☆3岁幼儿的短时记忆广度均数为3.91个组块。4岁幼儿的短时记忆广度均数为5.14个组块。5岁幼儿的短时记忆广度均数为5.69个组块。6岁幼儿的短时记忆广度均数为 6.10 个组块。

☆幼儿中期和晚期的记忆效果都是无意识记忆优于有意识记忆。在教育的影响下，处于幼儿晚期的幼儿有意识记忆和追忆的能力才逐步发展起来。

☆儿童如何学会对材料进行组织？根据维果茨基关于"社会因素在新技能形成中的调解作用"的观点可以推论，组织策略是儿童在经历中演变而来的。一般来说，儿童 5 岁以前没有记忆策略。5—7 岁处于过渡期，10 岁以后记忆策略逐步稳定发展起来。年幼的儿童自发运用记忆策略有困难，但训练可以有效地提高儿童运用记忆策略的能力。

☆复述是一种非常重要的存储策略。如果让幼儿记忆呈现给他们的一组单词，5—8 岁的儿童通常会按原来的顺序再次复述单词，而 12 岁的儿童则会成组复述单词。

☆弗拉维尔以绘图单词作为学习材料让儿童记忆的研究显示：6—8 岁的儿童开始利用语言为中介进行记忆。

## 学习的发生发展

☆学习是指婴儿在与客体相互作用的过程中获得经验，或由此引起个体倾向与能力变化的过程。人类个体在胎儿期已能进行颇有成效的学习，学习活动最早发生在胎儿末期。婴儿一生下来就有学习能力。这种能力表现的最根本特点就是明显地倾向于认识环境中的某些特定的联系。

☆3 个月时，婴儿已能顺利进行各种学习活动，学习的范围和种类越来越广泛，学习的技能越来越多样，并且能对社会性刺激和非社会性刺激进行记忆和学习。例如 3 个月婴儿可以进行操作性条件作用的学习，而且经过适当复习后这种学习效果可保持 4 周之久。

☆6 个月以后，婴儿的学习能力又有了新的发展，表现为：再认能力的继续加强（长时记忆能力继续发展）；社会性认知和社会性学习长足进步（出现了"认生"现象）；分类能力获得了显著的发展，使婴儿的学习更接近于概念学习。

☆10—12 个月的婴幼儿已能进行基本的数的概念学习，已可以进行高级的、对现实事物的分类。

☆婴幼儿的学习可以划分为三个不同的层次：A. 习惯化；B. 经典或工具性条

件反射；C. 语言的掌握、概念的学习等各种复杂类型的学习。

☆我国有心理学家认为，游戏是适合幼儿特点的一种独特的活动形式，也是促进幼儿心理发展的一种最好的活动形式。桑代克认为，游戏也是一种学习，遵循效果律和练习律，受到社会文化和教育要求的影响。通常来说，不同文化背景下的儿童游戏反映了各种文化和亚文化对不同类型行为的重视和奖励。

## 思维的发生发展

☆新生儿自发胳膊运动中有32%的行为不但具有明确目的，而且还运用了启发式搜索策略，具有问题解决的性质。

☆大量研究证实，3个月的婴儿就已具备比较明显的问题解决能力。

☆对婴儿用支持物够物行为进行的研究表明，7—8个月婴儿能根据不同情况下的任务而调整自己的够物行为。9个月婴儿在用支持物够物时已经很少犯"A、B错误"①。

☆6个月时，婴儿已经能够进行模仿，12个月以前已能利用工具解决问题，并获得了"手段—目的"的分析策略。科学实验也证明：材料的变化和对材料的熟悉程度都会影响10个月以上婴幼儿的问题解决行为。

☆12个月前，婴儿的表征能力就已经产生。

☆3岁前儿童典型的思维形式是直觉行动思维，即个体在直接感知和行动中所进行的思维活动。婴儿的思维过程是在直接感知的过程中进行的，是和感知过程混合在一起的，而且离不开感知过程，是边感知边思考，而后解决问题的。婴儿的思维过程离不开动作和活动。没有动作和活动，儿童的思维过程就无法进行，也不能表现，他们不能预先设计动作的顺序，也不能预想动作的结果。感知对象和活动对象一旦转移，思维活动也随之转移。

☆婴儿期的直觉行动思维到幼儿初期（3—4岁）仍有保留，但其表现却大不相同，在儿童解决问题的过程中，表现

---

① A、B错误，即实验者当着婴儿的面，先将一个物体藏在A处，婴儿能很顺利地找到物体。然后，实验者当着婴儿的面将物体藏在B处，婴儿却依然到A处去寻找隐藏的物体。

出了更明显的目的性和计划性。3—4岁儿童动作的概括性也更为准确。3岁以后儿童开始理解相似情景实际上是有差异的，这种差异带来解决问题时动作的差异。

☆在直觉行动思维发展的同时，儿童逐渐产生了具体形象思维，即依靠具体形象来理解事物和解决问题的思维。在幼儿期甚至小学初期的儿童，这种思维是占主导地位的。儿童这种类型的思维具有两大特点：具体性和形象性。具体性是指儿童思维的内容是具体的，即儿童头脑中内化了的形象是具体的形象。这种具体性使幼儿在理解和解决问题时带有机械的性质。如理解"父亲"的概念时，认为父亲是"像我爸爸那样年龄的男性"。这种具体性使儿童掌握一些具体的概念相对容易，掌握类概念则比较困难。如他们可以掌握"苹果"和"椅子"的概念，却不能掌握"水果"和"家具"的概念。形象性是指儿童用于思维的头脑中的素材基本都是形象的，较少或不存在其他的心理表征，语言和其他符号表征还没有发展起来。这种思维方式的局限性在于，第一，不能运用概念，且通过判断推理的形式来反映事物特征及其关系，对较抽象的问题感到困惑，当头脑中缺乏某一具体形象时，思维便寸步难行。具体形象思维只能解决一些具体的简单的问题。第二，由于形象的概括性有限，过于具体的形象会干扰问题的解决。

☆随着动作能力的发展，随着主体与客体的不断相互作用，积累的大量知识经验使3—4岁儿童思维由动作思维发展为表征思维，认识上有了较大的飞跃。但由于表象思维的局限性和儿童自我意识的发展，儿童只注意到或只注重自己对客体的认识，不能意识到对事物还存在别人的观点，别人和自己的观念还会有不同，更不能站在别人的角度或客体角度去思考和认识事物的特征，自己的态度、需要、观点是衡量事物的唯一标准。

☆对3—4岁儿童的测试发现，他们能意识到数的一一对应关系和数的守恒。守恒是指物质从一种形态转变为另一种形态时，物质含量保持不变。皮亚杰认为前运算阶段的儿童思维只能集中于问题的一个维度，注意的是事物表面的、明显的特征，具有中心化的特点。

☆3岁左右，儿童进入对数量的动作感知阶段。3—4岁儿童掌握的实物概念基本上代表儿童所熟悉的某一个或某一些事物。

☆和实物概念比，数概念是一种更加抽象的概念，因而，在儿童发展过程中，掌握数概念比掌握实物概念晚，也比较难。

☆掌握数概念包括理解"数"的实际意义（如"3"指三个物体）；数的顺序（如"2"在"3"之前，"2"比"3"小）；数的组成（如"3"是由"1＋1＋1、1＋2、2＋1"组成的）。

☆关于推理过程的研究显示，3岁儿童基本不能进行推理活动。3岁儿童还不会类比推理，4岁儿童类比推理开始发展。

☆幼儿中期（4—5岁）开始出现抽象逻辑思维的萌芽。

☆博克"农场景观"模型试验（类似皮亚杰做的"三山实验"）显示，3岁儿童已能很好地完成任务。当场景是儿童熟悉的，问题也是儿童容易理解的时，幼儿能够考虑到别人观点。在休斯的实验中，30名3.5—5岁儿童中，90％的儿童能够指出"小孩站在什么位置，可以使警察看不到他"，显示了儿童的非自我中心。

☆在数的守恒实验中，只有少数（16％）4—6岁儿童理解了数的守恒。

☆4—5岁儿童已能在概括水平上指出某些实物比较突出的特征，特别是功用上的特征。在这个阶段，儿童实物概念获得了较为快速的发展。

☆对4—6岁幼儿数概念的发展进行研究发现，幼儿对基数和序数的认知发展存在先后顺序，即幼儿在4—5岁时对基数的认知成绩明显优于对序数的认知，而到了6岁，两者的发展趋于同步。

☆4—5岁是幼儿在数词和物体数量间建立联系的关键阶段。

☆幼儿分类的发展顺序是：不能分类—依感知特点分类—依生活情景分类—依功能分类—依概念分类。4岁以下儿童有82.3％的人不能分类，6—7岁儿童逐渐能按事物的功用和本质特点来分类。

☆一些关于推理过程的研究显示，3岁儿童基本不能进行推理活动，4岁儿童的推理能力开始发展。4—7岁儿童类比推理的发展水平随年龄的增长而逐步提高。4岁儿童类比推理开始发展，但水平很低。4岁儿童大多数只能根据一种表面属性完成操作任务。

☆5－6岁幼儿抽象逻辑思维迅速发展。抽象逻辑思维是指以抽象的概念或符号来判断、推理、解决问题的思维形式。幼儿期是由直觉行动思维发展为具体形象思维，再发展到抽象逻辑思维的过渡阶段。

☆幼儿末期（5－6岁）虽然已经产生了抽象逻辑思维，但它只是萌芽状态，水平很低，抽象概括性差，逻辑性差，发展不平衡。

☆5－6岁儿童处于守恒的转折阶段。在"杯子"实验中，他们似乎意识到必须同时考虑杯子的高度和粗细，但在比较时，同时考虑两个维度还比较困难。

☆5－6岁儿童开始能指出某一实物若干特征的总和，但是，还只限于所熟悉的事物的某些外部和内部的特征，而不能将本质特征很好地加以区分。

☆2－3岁和5－6岁是儿童数概念形成和发展的两个关键年龄段。5－7岁是数运算的初期。关于数概念发展的转折点一般认为在5岁左右。幼儿在形成数概念和发展运算能力中，思维水平可分为四级：A. 行动感知概括；B. 直观表象笼统概括；C. 直观言语概括；D. 表象语言概括。

☆5岁幼儿有近半数能依据两种或三种属性完成操作任务。而绝大多数6岁幼儿都能根据三种属性完成操作任务。

☆关于幼儿推理过程的研究显示，5岁年龄组的儿童大部分（62%以上，平均为75%）可以进行推理活动。6岁和7岁年龄组的儿童全部可以进行推理活动。

☆6－7岁的儿童逐渐能接受按事物的功用和本质特点来分类。

**想象的发生发展**

☆1.5岁－2岁，是儿童想象出现的萌芽阶段。

☆3岁前儿童常常是边知觉边展开想象的翅膀。比如一个儿童看见一片纸转起来了会说"转椅"，另一个儿童则会说"飞机"。他们感知到什么便和过去的经验联系起来，边感知边想象，常常是视听等各种分析器一起活动。

☆3岁前儿童的想象与记忆十分接近，有

时就是记忆形象在新情况下的重新出现。比如拍洋娃娃睡觉，主要是重复模仿成人照顾自己时的动作。

☆3岁前，儿童缺乏经验，对事物的正常联系缺乏认识，使想象时表象可以任意组合，完全不管是否符合逻辑，是否违背客观规律。

☆3岁前，儿童的整个心理活动都离不开动作。通过活动，儿童才能认识事物和进行心理活动。这是由其心理水平所决定的，想象也不例外。比如一块胶泥被捏成圆球形时，儿童想象成"球"或"汤圆"等；胶泥被打扁成圆形时，儿童又想象成"饼干"。

☆3岁前，儿童的想象完全无目的性。因为想象完全是随心所欲的，想象的内容和结果自己事先没有确定，别人也无法预想，完全由自己、事物本身的特性和动作的情况所决定，大部分的想象还接受成人的提示、引导。

☆3—4岁，儿童的想象活动没有明确的目的，没有前后一致的主题，想象内容零碎、贫乏，数量少而相对单调。

☆4—5岁，儿童的想象活动仍以无意性的为主，同时出现了有意的成分，想象的目的计划非常简单，想象内容较以前丰富。

☆5—6岁，儿童的想象活动有意性非常明显，内容进一步丰富，内容新颖程度持续增加，更符合逻辑。

☆观摩自然景物，有助于幼儿想象力的发展。

# 情绪、个性和社会性发展

**气质**

☆第 1 年婴儿气质稳定性呈一个连续增长的模式,前后气质类型的相关系数分别为 0.23（3－6 个月）,0.59（6－9 个月）和 0.69（9－12 个月）。综合采用几种评定法（包括问卷、访谈等）研究证实,婴儿气质的确具有一定的稳定性。

☆气质虽然是比较稳定的个性心理特征,但其在后天生活环境和教育的作用下,在一定程度上也是可以改变的。研究显示,非抑制型气质的婴儿在 4 年里很少发生变化,而抑制型婴儿有一半减少了抑制性。刚出生时比较急躁的婴儿在随后的两三年里比不急躁的婴儿更易转变为抑制型。

☆气质对儿童认知发展、情绪控制和行为调节方面的发展均具有有效的预测作用。婴儿气质对于早期教养的影响主要体现为不同气质类型的婴儿对早期教养的适应性和要求不尽相同。其关键在于父母的教养方式要与儿童气质特点相符合。

☆容易型婴儿对各种教养方式都容易适应。困难型婴儿的父母从一开始就面临着早期教养和亲子关系的问题,家长必须处理很多棘手的问题（例如:生活不规律、适应慢、烦躁、易哭闹等）。

### 社会性微笑

☆出生3周左右，在婴儿清醒时，轻轻地抚摸其面颊、腹部，能引起婴儿微笑。4—5周时，把其双手对拍，让他看转动的纸板，或听各种熟悉的说话声等，都能引起他微笑。从第5周至3.5个月时，婴儿对人的社会性微笑是不加区分的，对主要抚养者或家庭成员、陌生人的微笑都是一样的。

☆从3.5个月尤其从4个月开始，随着婴儿处理刺激内容能力的增加，能够分辨出熟悉的脸和其他人的脸，婴儿开始对不同的人报以不同的微笑，出现有差别的、有选择性的微笑。

☆5—6个月时，婴儿出现对人的特别的兴趣和微笑，即社会性微笑。

### 分离焦虑

☆6—8个月时，婴儿出现对最熟悉亲近者的依恋和分离焦虑，并随之产生对陌生人的焦虑等。

☆陌生人焦虑一般在婴儿6—8个月时发生。4个月时，婴儿开始区分陌生人和熟人，虽然仍会对陌生人笑，但是明显减少。5—6个月时，婴儿见到陌生人往往会表现出一种严肃的表情，笑得更少，但是仍然不害怕。而到6—7个月时，婴儿见到陌生人就开始感到害怕了，到8个月时，婴儿明显怕生。

☆分离焦虑是在婴儿6—7个月时产生的，随着母—婴依恋的建立而同时发生。分离焦虑的产生，与三个方面重要的认知能力的发展有关，即提取记忆的能力、比较过去和现在的能力、预期可能在最近发生的事情的能力。其次，婴儿分离焦虑的产生也与婴儿应付情景的能力有关。在儿童开始上幼儿园时，也会出现分离焦虑现象。

### 情绪

☆婴儿出生后，不仅有情绪，而且已经初步分化。新生儿即已有感兴趣、痛苦、厌恶和微笑四种表情。

☆3—4个月时，婴儿出现愤怒和悲伤情绪。

☆情绪的社会性参照，是指婴儿发展的特定时期发生的人际情绪的交流和对他人情绪信息的利用，是在一种特定情景中发生的特定情绪交流模式。它包含婴儿对他人情绪的分辨和如何利用这些情绪信息来指导自己的行为。情绪的社会性参照对婴儿的发展具有极其重要的意义，特别是对半岁至1岁半的婴儿。情绪的社会参照，在很大程度上决定婴儿的生活质量和发展机会。

☆婴儿的情绪社会性参照能力包括了四个相互连接、逐步递进发展的水平：水平一：无面部知觉（0—2个月）；水平二：不具备情绪理解的面部知觉（2—5个月）；水平三：对表情意义的情绪反应（5—7个月）；水平四：在因果关系的社会参照中运用表情信号（7或8个月至10个月）。

☆要注意避免消极的社会性参照，因为不适应的参照信息与条件同样会对婴儿起作用，导致婴儿不良的情绪、行为体验，形成消极、懦弱的性格，限制婴儿的探索和操作，阻碍其智力发展等。

## 依恋的发展

☆依恋是婴儿与主要抚养者（通常是母亲）之间的最初的社会性联结，也是情感社会化的重要标志。

☆从出生到3个月，为无差别的社会反应阶段。这时期婴儿对人反应的最大特点是不加区分，无差别的反应。

☆3—6个月，为有差别的社会反应阶段。这时期婴儿对人的反应有了区别，对母亲更为偏爱，对母亲和他所熟悉的人以及陌生人的反应是不同的。

☆6个月至2岁，为特殊的情感联结阶段。从6—7个月起，婴儿对母亲的存在更加关切，特别愿意与母亲在一起，与她在一起时特别高兴，而当她离开时则哭闹，不让她离开，别人还不能替代母亲使婴儿快活。与此同时，婴儿对陌生人的态度变化很大，见到陌生人大多不再微笑，而是紧张、恐惧甚至哭泣、大喊大叫。

☆在12—19个月，不少幼儿改变了依恋的类型。有些幼儿在7个月前，属于不安全型依恋，19个月时转为安全型依恋，也有约1/3的幼儿在1岁时属于安全型依恋，7个月后转变为不安全型依恋。

## 同伴交往

☆婴儿从出生后6个月起，即开始出现真正意义的同伴交往行为。

A. 在以客体为中心的阶段，婴儿的交往

更多集中在玩具和物品上，而不是对方（同伴）本身。

B. 在简单交往阶段，婴儿已经对同伴的行为作出反应，经常企图去控制对方的行为。

C. 互补性交往阶段，婴儿与同伴间的行为趋于互补，出现了更多更复杂的社交行为，相互间的模仿已较普遍。

☆儿童很早就对伙伴发生兴趣，最初的行为是注视和触摸，这大约出现在婴儿3—4个月的时候。6个月之前的婴儿对同伴的反应还不具有真正的社会意义。

☆6个月的时候，婴儿会对同伴微笑，向同伴发出呀呀的声音。这时期还不能主动追求或期待从同伴那里得到相应的社会反应。

☆1岁时，幼儿之间出现了较多的交流行为，如微笑、打手势、模仿等相互影响、相互交流的行为。

☆在2岁左右，幼儿开始使用语言来影响和谈论同伴的行为。

☆2—6岁时，游戏是幼儿与同伴互动的主要方式。儿童游戏的发展会经历三个步骤，对应三种游戏类型：

A. 非社会化的活动阶段。这一阶段的主要行为包括旁观他人游戏、单独游戏（自己一个人玩，根本不关注别人做什么）等。

B. 平行游戏阶段。在其他儿童附近，以相近的方式进行游戏，但他们并不试图去影响对方，彼此之间没有真正的互动和合作。

C. 联合游戏和合作游戏阶段。联合游戏，指儿童在一起玩游戏，但彼此之间没有明确的分工或没有一个共同的目的。合作游戏，指幼儿为了共同的目标而组织起来的游戏。

## 自我发展

☆婴儿初期，其心理带有自我中心的特点。表现为：儿童分不清自我和客体的界限，吸吮自己的手指就像吸吮别的客体一样，而后以自我的动作来认识客体、组织客体的特征，看见的便存在，没看见的便不存在。直到1岁左右，儿童才发展出客体永久性的概念；大约1岁半左右，儿童才认识到自我独立的存在，将自己作为主体来认识。

☆5—8个月，婴儿显出对镜像的兴趣，注视它，接近它，抚摸它，对它微笑，但对自己的镜像与对其他婴儿形象的反应没有区别。这说明他们并未认识到镜像是自己的,并未认识到自己与他人的差别,以及自己是独立存在的个体。因而,婴儿还没有萌生自我认知。

☆9—12个月,婴幼儿表现出了对自己作为活动主体的认知,他们认识到自己的动作引起镜像中的动作。这个阶段产生了初步的主体我。13—24个月的幼儿开始对镜像表现出一种小心翼翼的行为,20—24个月的幼儿显示出比较稳定的对自我特征的认知,他们会对着镜子触摸自己的鼻子和观看自己的行为。

☆9个月至2岁为认知生理自我的时期。儿童开始注意到自己身体的各个部位,如脸、头、眼睛、鼻子、耳朵、手、脚、肚子等,并知道这些部位是属于自己的而不是别人的。这时期,对于自己的所属物,如自己的衣服、玩具、器皿、食物等也会有比较深刻的认识。

☆12—15个月,幼儿已能区分由自己做出的动作与他人所做出的动作的区别,对自己镜像与自己活动之间的关系有了清楚的知觉,这说明婴儿已会把自己与他人分开。主体我获得明确的发展。

☆15—18个月,幼儿开始把自己作为客体来认识,认识到客体特征来自主体特征,对主体特征有了稳定的认识。这反映了在客体我水平上自我认知的发展。

☆18—24个月,幼儿已具有了用语言标示自我的能力,如使用代词("我"、"你")标示自我与他人。幼儿在此阶段已经能意识到自己的独特特征。能从客体中认识自己,用语言表示自己,表明幼儿已具有明确的客体我。

☆2—3岁是儿童认识社会自我的时期。这一阶段的儿童对自己的认识不仅表现在身体上,而且还表现在逐渐地体验到了自我需要上。这种需要不仅有生理的需要,更有社会的需要。除了吃喝拉撒睡的需要外,他们还有游戏、交往、说话、唱歌、跳舞等各种需要。

☆7岁前,儿童对自己的描绘反应仅限于身体特征、年龄、性别和喜爱的运动等,还不会描述内部心理特征。

☆自我控制能力在3—4岁儿童中还不明显,利用外部语言进行自动调节,中介变量为社会互动与交流、语言的发展及其指导作用。从缺乏自我控制到有自我控制的转折,平均年龄是4—5岁。5—

6岁儿童绝大多数都有一定的控制能力。总体来说，幼儿的自控能力还是比较弱的。

☆儿童的自我评价能力发展得比较晚，一般认为在2—3岁，但3岁儿童中出现自我评价的人数仅占总数的22.5%，40%的3岁儿童即使进行自我评价也是完全以他人（主要是成人）的评价作为自己的评价。例如当问及儿童为什么是好孩子时，儿童回答"老师说我是好孩子"。

☆儿童自我评价开始发生的年龄的转变期是3—4岁。该年龄段儿童的自我意识发展速度很快，4岁时已有70%的幼儿产生了自我评价。5—6岁儿童绝大多数已能进行自我评价（占比达到90%）。5岁儿童中的自我评价开始脱离成人的评价，有了一些自己的独立性。

☆2—3岁儿童对引起事情的原因只有模糊的了解，他们的行为直接受行为的结果所支配，因而这个年龄段的儿童既不是道德的，也不是不道德的。从4岁开始，有71.67%儿童能够运用一定的道德行为规范来评价自己和他人关系的好坏；4岁以后的儿童，还能根据一定的道德规范来对待长者。但是4岁儿童还不能自觉模仿成人从社会意义上来评价道德行为的好坏。5—6岁儿童能够在一定程度上模仿成人从社会意义上评价道德行为的好坏。

☆3—6岁幼儿的侵犯行为随着年龄的增长而增加，身体攻击在4岁时达到顶点。对受到的攻击或生气的报复倾向，3岁时有明显增加。侵犯形式也随年龄增长而变化，身体攻击减少，语言攻击增多。3—4岁儿童攻击的个体差异已具有明显的稳定性。

## 自尊的发展

☆1.5岁以后儿童产生羞愧、自豪、骄傲、焦虑、内疚、同情等情绪。惊奇（通常出现在1岁），诱因为新异事物的出现；害羞（通常出现在1—1.5岁），诱因为熟悉环境中陌生人的出现；轻蔑（通常出现在1—1.5岁），诱因为欢快情况下显示自己的成功；自罪感（通常出现在1—1.5岁），诱因为抢夺别人的玩具。

☆幼儿早期的自我体验主要表现为与生理有关的愉快和愤怒，是较为低级的自我体验；而委屈、自尊、羞愧感等较为高级的社会性体验还很少。但随着年龄的增长，儿童的各种体验都在发展，社会性体验也在逐渐增强。

☆儿童在3岁左右产生自尊的萌芽，如犯了错误感到羞愧，怕别人讥笑，不愿意当众被训斥等。不同年龄体验到自尊的人数比例是不同的，3－3.5岁儿童体验到自尊的比例为10%；5－5.5岁儿童体验到自尊的比例为83.33%；6－6.5岁儿童体验到自尊的比例为93.33%。

☆幼儿对情感体验的自我感觉是需要暗示和逐渐培养的。3－3.5岁幼儿的自我体验中，愉快占23.33%，愤怒占20.00%，委屈占10.00%，自尊占10.00%，羞愧感占3.33%。4－4.5岁儿童的自我体验中，愉快占56.67%，愤怒占66.67%，委屈占60.00%，自尊占63.33%，羞愧感占43.33%。5－5.5岁儿童的自我体验中，愉快占100%，愤怒占100%，委屈占100%，自尊占83.33%，羞愧感占90%。

☆4岁左右，幼儿自我情绪体验由与心理需要相关联的情绪体验（如愉快、愤怒）向社会性情感体验（如委屈、自尊、羞愧感）不断深化发展，同时又表现出易受暗示性。5－6岁儿童大多数已表现出有自我情绪体验。动手做事有利于幼儿情绪情感体验的发展。

☆幼儿阶段晚期，道德认知开始向自律转化，但真正达到他律道德或道德相对论阶段，则是儿童在进入小学以后。

## 社会交往

☆16－24个月，幼儿社会性游戏明显多于单独游戏。幼儿更喜欢与同伴玩，与同伴游戏的数量明显多于母亲，而且不愿意与陌生人玩游戏。

☆16－18个月，是幼儿交往能力发展的转折点，此后，幼儿参与社交性游戏的次数迅速增长。

☆23个月，幼儿愿意参加游戏活动，这有助于发展语言能力和记忆力。该时期的幼儿能理解成人的一些指令，可让幼儿完成简单的记忆任务，发展他们的有意记忆。

☆2岁左右，幼儿的社会性游戏在数量上超过单独游戏，而其游戏伙伴则更经常是同龄同伴，与母亲的交往表现出明显下降的趋势。

☆从 3 岁起，儿童偏爱同性伙伴，经常与同性伙伴在一起游戏、活动。

☆3 岁以后儿童的交往频率更高，交往的时间更长，交往活动的种类更多，交往的积极性、主动性增强，合作性游戏随着年龄的增长而增多。3—4 岁时，儿童依恋同伴的强度显著增长，能与更多的同伴建立起友谊。

☆4—5 岁儿童的亲社会行为能够预测他们 19 岁时的亲社会关系。

☆儿童在与同伴的交往中学习如何与他人建立良好的关系、保持友谊和解决冲突，怎样对待领导与被领导的关系，怎样对待敌意与专横，怎样对待竞争与合作，怎样处理个人与小团体的关系。

### 性别认知

☆2.5—3 岁儿童获得了基本的性别认同，并开始形成性别图式。

☆大多数 2.5—3 岁儿童能正确说出自己是男孩或女孩，但不能认识到性别是不变的属性。3—5 岁儿童还不能理解性别的坚定性。3—7 岁的孩子将性别角色标准看成是不容侵犯的，所有人都必须遵守的准则。5—7 儿童才开始理解性别的坚定性。儿童先理解自我的性别坚定性，继而理解同性别他人的性别坚定性，最后理解异性别他人的性别坚定性。

☆从 3 岁起，儿童偏爱同性伙伴，经常与同性伙伴游戏、活动。3—4 岁时，依恋同伴的强度显著增长，能与更多的同伴建立起友谊。

☆4—6 岁是男女儿童认知和个性发展的一个转折期。

☆4 岁时，女孩在独立、自控、关心人与物三方面优于男孩。

☆6 岁时，男孩在好奇心、情绪稳定、观察力三方面优于女孩。

### 性格

☆3—4 岁的儿童尚未形成稳定的性格。在这个年龄段，性格发展的年龄特征尚未处于优势，即这一阶段的儿童性格中共同特征占主要地位。

☆5 岁左右，儿童才开始形成初步的性格，幼儿的性格出现明显的差异。

# 了解儿童游戏

## 游戏在儿童成长中的价值

维果茨基认为游戏是影响 2—6 岁幼儿发展的重要的或"主导的"因素，学前期是典型的游戏期。游戏大多是通过各种各样的动作进行的，在游戏中儿童身体的各个器官都处于活动状态，因此，游戏成为锻炼儿童身体的有效手段。在游戏活动中，儿童的感知觉、注意、记忆、思维、想象都在积极活动着，即游戏能够促进儿童智力和语言的发展。各种角色扮演游戏，在帮助儿童理解和认识社会的同时，也培养了相应的美德品质。此外，游戏环境本身就是一种美的教育，即在潜移默化中可以起到培养幼儿审美能力的作用。总之，游戏是儿童快乐的源泉，儿童是在游戏中学习、在游戏中成长的。

## 儿童游戏的种类与特点

### 动作游戏

婴儿的身体运动游戏可以分为三个阶段：有规律的重复动作、练习性游戏、追逐打闹游戏。

☆有规律的重复动作是指婴儿没有目的的、重复进行的大肌肉动作，例如踢脚、摇动身体等。这种有规律的重复动作在很早就已出现，在婴儿 6 个月时达到高峰。

☆婴儿的练习性游戏往往以亲子游戏的形式出现，同时往往与玩物游戏结合在一起。

☆追逐打闹游戏指幼儿奔跑、跳跃、互相追逐,伴随着高声大叫、大笑或扮鬼脸的行为。追逐打闹游戏是以身体和动作为"材料"的游戏,在这种游戏中幼儿对同伴身体所做的攻击性动作,是假装的而不是真实的,所以这种游戏也是一种假装游戏。

## 玩物游戏

☆在出生后最初的两年里,婴儿探索物体的游戏动作表现出以下发展规律:

A. 从最初的未分化的和重复的动作,逐渐地发展为有组织、有顺序的动作模式。

B. 从最初受物体的支配和控制发展到逐渐能够控制物体,并进一步概括化地将其运用到其他物体上。

C. 从对物体的物理性质的探索和物理关系的掌握过渡到对物体的社会性特征和象征性关系的探索和掌握。

**婴儿玩物动作的发展**

| 动作 | 分类 | 发生月龄 |
|---|---|---|
| 敲打 | | 7,9,13 |
| 关联动作 | 简单的关联动作:能够把两个物体关联起来,但没有找到物体之间的正确关系。 | 9,13,20 |
| | 顺应性关联动作:发现物体之间的正确关系,如把杯子放在茶碟上,勺子放在杯子里。 | 9,13,20 |
| | 归类动作:把两个相似物体放在一起,杯子和杯子,勺子和勺子放在一起。 | 20 |
| 象征性动作 | 假装的动作。 | 13,20 |
| 序列性动作 | 连贯的平行动作:如把一个杯子放在一个茶碟上,然后把另一个杯子放在另一个茶碟上。 | 20 |
| | 主题变化的连贯动作:如用勺子在水壶里搅了一下,又在杯子里搅。 | |

## 亲子游戏

☆成人是婴儿与物质世界之间的中介。在出生后的最初两年里,亲子游戏是婴儿游戏的主要形式。

☆早期亲子游戏的发展趋势是：婴儿由被动到主动。刚开始，婴儿在游戏中扮演被动角色，他们非常喜欢与成人的共同游戏。大约8个月的时候，婴儿开始成为主动的角色；12个月时，婴儿可以带着大人玩，主动地发起游戏。这种趋势表明，成人应尽早开始和孩子玩。

## 社会性游戏

社会性角色扮演游戏是角色扮演游戏的成熟形式，也是象征性游戏发展的最高水平。

☆3.5岁幼儿能够区分游戏与非游戏行为。

☆3—4岁的幼儿能够提出自己个人的游戏目的，但是不能提出共同活动的目的。

☆4—5岁的幼儿能够独立提出自己的个人游戏的目的，而且相当多的幼儿（大约为80.4%）能够提出共同游戏的目的。

☆5岁幼儿能够抽取出游戏的组织规则并促进游戏主题的发挥。

☆5—6岁的幼儿大部分（大约为92.2%）能够提出共同游戏的目的，游戏目的的稳定性有明显提高（平均可达30分钟左右）。

## 语言游戏

☆语言游戏是早期亲子游戏的一种表现形式。在嬉戏性的"对话"中，婴儿可以模仿母亲的姿势、表情、语言，获得许多特定的人类经验，包括轮流、等待、重复等社会性活动的基本元素。

☆在出生后第二年的游戏中，幼儿相互之间已经会交换微笑并用语言交流。婴儿在游戏中的交往意图包括：争夺物体的拥有权；模仿彼此的动作；交换物体；模仿彼此的声音；互相攻击；对伙伴做出积极的情感反应；对伙伴做出积极的言语反应；跑进跑出；跑和追；玩躲猫猫；协商；追逐打闹。

☆对2—5岁幼儿游戏中的语言的特点和功能的研究发现，幼儿游戏中语言具有标记、确证、表明自己动作状态等43项功能。

## 象征性游戏

☆象征性游戏的重要特征是"以物代物"，即用一物当作或代替另一个不在眼前的东西。正是通过"以物代物"，幼儿为自己创造了特殊的游戏条件。

☆象征物和被象征物之间的替代关系的建构是象征性游戏的认知发展基础。

☆象征性游戏的出现，标志着婴儿思维的进步。

☆"代替物"和"被代替物"之间关系的建立，标志着象征性功能的出现，即理解符号或象征物与它所代表的物体之间的关系的能力。

☆"以物代物"的出现标志着思维的概括化，它包括两种概括与迁移：物的概括与迁移；动作的概括与迁移。

☆象征性游戏是2—6岁幼儿典型的游戏形式。在这一时期，象征性游戏进入了发展高峰期和成熟期。

☆"动作的去情景化""以物代物"和"角色扮演"是象征性游戏的基本结构因素，也代表着象征性游戏发展的不同水平。

A. "动作的去情景化"是指动作与原有的情景分离而使动作具有象征意义。例如：婴儿靠在成人身上闭上眼睛笑嘻嘻地假装睡觉。

B. "以物代物"是用当前物体代替不在眼前的或想象中的物体。以物代物的出现标志着物体和动作的双重概括和迁移。以物代物的发展经历三个发展阶段，即情景转变（1—1.5岁）、动作象征（1.5—2岁）和以改变物体名称为特征的真正的以物代物。

C. "角色扮演"是假装把自己当作别人（例如医生），并通过自己的动作、姿势、表情、语音语调等把自己所扮演的这个"他人"（包括社会身份、职责、态度和动作特征等）表现出来。

当"角色扮演"这一因素出现后，幼儿的象征性游戏由"以物为中心"转变为"角色引导"的行为，行为和意识的关系发生逆转，角色扮演成为幼儿游戏的目的，角色意识成为游戏的中心。

**婴幼儿的象征行为**

| 象征性动作 | 例子 |
|---|---|
| 动作假装 | 用玩具杯喝水 |
| 假装的人 | 用玩具勺喂洋娃娃 |

| 象征性动作 | 例子 |
| --- | --- |
| 想象的替代物 | 用贝壳喝水 |
| 假装做出一系列有顺序的动作 | 吃饭、去商店、上床睡觉 |
| 假装对物体做出一系列有顺序的动作 | 给洋娃娃喂饭、穿衣、上床 |
| 双重的代替 | 把衣架当作娃娃；把衣服当作床 |

## 儿童游戏的主要内容

### 动作游戏

☆0—3个月，成人与幼儿一起玩交互的模仿性游戏，如脸对脸的接触、微笑、吐舌头、摇头、模仿婴儿的声音、和婴儿说话、让婴儿拉成人的小手指等。

☆3—6个月，成人与婴儿一起玩，逗婴儿笑、胳肢婴儿、和婴儿做"鬼脸"等。

☆6—12个月，成人与婴儿一起玩交互的动作模仿游戏，如伸胳膊、蹬腿、爬、玩骑"大马"或"摇啊摇，摇到外婆桥"等民间游戏。

☆12—24个月，成人与婴儿一起玩爬或走的游戏；玩追与被追的游戏；玩藏和找的游戏；玩捉人游戏。

☆2岁以后由于幼儿身体运动能力的发展，因此其动作游戏非常明显地发展为身体运动游戏。

☆3—4岁幼儿不但可以很好地走和跑，而且可以用脚尖走路，单脚站立。非常喜欢骑三轮车。

☆4—5岁幼儿可以双脚跳跃、攀爬、单脚跳跃和快跑。因此，幼儿非常喜欢玩追逐打闹的游戏以及一些运动游戏，诸如球类游戏等。

☆5—6岁幼儿的动作技能更为成熟，可以跳绳、做健美操、走平衡木。

### 玩物游戏

1. 区分自己和物体

☆1—4个月婴儿的游戏主要是注视和练习身体动作。他们玩弄自己的身体，享受明亮的颜色和有趣的声音。

2. 探索和摆弄物体

☆4个月时，婴儿表现出对物体的兴趣。婴儿对周围的物体感到新奇，他们开始探索和玩弄物体，咬和看往往是探索的第一步。

☆婴儿摆弄物体的方法随年龄增长而变

化。最初婴儿对待物体的方式是笼统无分别的，他们用同样的方式（咬、摇、敲打、看、听等）对待所有的玩具或物体。以后婴儿的动作逐渐分化，他们能够对不同的物体做出不同的动作，动作也更适合于物体本身的特性。

☆7个月左右，婴儿可以用拇指和食指拿捏较小的东西。

☆8个月时，婴儿可以手拿玩物。

☆15个月大的学步儿童喜欢不停地走动，看到物品就一个一个地拿起来，然后又一个一个地丢下。

☆18个月时，学步儿童的大肌肉动作比较成熟，活动力比较旺盛，摆弄物体的行为也更有目的性。他们能够拉动玩具，抱起洋娃娃或玩具熊，模仿成人阅读或打扫卫生。

☆24个月时，学步儿能够拿着物品敲敲打打，能串珠，能将珠子反复装入或倒出盒子。

☆不满1岁的婴儿通常一次只能玩一个玩具，而且玩法很不固定。他们按照自己的方式方法来对待物体，而不是按成人所期望的或社会约定俗成的方式方法来操作和使用物体。

☆在1－2岁之间，幼儿摆弄单一物品的行为减少，他们逐渐能够同时用两手分别拿不同的东西。1岁以上的学步儿童，通常能够同时摆弄几个玩具，能够按社会约定俗成的方法来使用物品。

### 3. 关联物体

☆能够把两个物体关联起来，这标志着婴儿认知发展的一个新的成就。象征性游戏的关键特征——以物代物，就是要在"眼前物体"和"不在眼前的物体"之间建立起某种联系。

☆1岁以后，幼儿可以根据过去的经验重组已经掌握的动作以建构新的动作图式。

☆2岁以后，幼儿可以按照成人所期望的社会化方式来对待物体，能够注意到物体的物理特性，知道物体在日常生活中的用途和使用方法。以摆弄和操作物体为特征的玩物游戏在幼儿2岁以后的发展方向是结构性游戏。研究显示，结构性游戏在幼儿2－3岁时占25.5%，3－4岁时占26.8%，4－5岁时占29.2%。结构性游戏虽然在不同年龄幼儿中所占比例没有显著差异，但在发展的成熟程度上有差异。

☆2岁以后，幼儿在无意识地使用物体的过程中，往往会偶然地将物体结合起来组成了某种形状。以后这种无意识的建构逐渐转变为目的性较强的建构性活动。

☆3岁幼儿有一定的建构意图但目的性不明确，往往是先做后想，不能按一定目的坚持下去。3岁以后的幼儿经过多次练习，建构的计划性、目的性逐渐增强。

☆4—5岁幼儿的建构活动不仅具有模仿的因素，而且表现出创造性。

## 亲子游戏

☆在共同游戏中，婴儿学习游戏的基本技能，如等待、轮流、共同参与、假装、重复等，并很快学会自己玩。

☆婴儿如何从被动的游戏者转变为游戏的主动发起者，以"躲猫猫游戏"为例可以说明。

☆由于记忆的发展和物体恒常性知觉的出现，使婴儿能够从"躲猫猫游戏"的物体消失—再现—消失中获得乐趣。大约在婴儿八九个月时成人就可以和婴儿玩"躲猫猫游戏"。

刚开始时，成人（母亲）用手或者手绢把自己的脸遮盖住，过一会儿把手拿开，同时说"闷儿"。这种动作配合着声音使婴儿感到惊奇和快乐。在婴儿有一定经验的基础上，才可以遮婴儿的脸，当遮盖物从他的脸上拿开时，他也会模仿说"闷儿"。

12个月以后，幼儿开始把手绢从自己的脸上或母亲的脸上拿开。

15个月时，这种一开始由成人发起的游戏演变为由幼儿发起的游戏。幼儿模仿先前成人示范过的动作与声音，使"有趣的情景"再度发生。15个月时，幼儿已能行走，他们开始自发地表演这个游戏以引起成人的注意，然后躲在门边、椅子后面或者桌子下面，一会儿出现，一会儿消失，重新出现时就发出"闷儿"的声音。

在"躲猫猫游戏"中，婴幼儿从一开始只是被动参与由成人发起的游戏到后来能够发起并维持游戏，大约需要6个月时间。

## 社会性游戏

☆2岁以后，幼儿逐渐从与成人的协同游

戏转向自己独立游戏。与此同时，同龄幼儿开始成为幼儿重要的游戏伙伴，幼儿逐渐学会与其他幼儿一起游戏。他们的游戏经历了从独自游戏向合作游戏的转变过程。

☆3岁以前的幼儿倾向于自己单独玩。他们的游戏情节简单，往往长时间重复一个动作。幼儿在游戏中的模仿、想象和语言往往都是以自我为中心的。他们的目的稳定性较差。

☆从3岁开始，幼儿游戏的社会性水平逐渐提高。

☆4岁左右的幼儿与同伴交往的愿望变得强烈，他们对多角色的集体游戏表现出特殊的兴趣，并努力地去理解和表现自己所扮演的角色。4岁是幼儿游戏社会性水平发展的转折点。4岁时，平行游戏、协同游戏、合作游戏的社会性水平都有相对较大的提高。

☆柏顿的研究发现，以同伴交往为特征的幼儿社会性游戏行为因年龄不同而不同：2—3岁幼儿的游戏中出现较多的是无所事事或旁观的行为，独自游戏和平行游戏也较多；3.5—4.5岁的幼儿以协同游戏居多；4.5岁以上的幼儿以合作游戏居多。在2—4.5岁之间幼儿独自游戏和平行游戏逐渐减少，合作性的小组游戏逐渐增多。

☆平行游戏在幼儿2—5岁之间基本呈增长趋势，3岁左右无显著变化，4岁时发展很快。在2—3岁、3—4岁、4—5岁幼儿的游戏行为中，平行游戏所占的比例分别为4％、5.1％、12.6％。

☆协同游戏在幼儿2—5岁之间随年龄增长而增长，3岁左右无显著变化，4—5岁时发展很快，在2—3岁、3—4岁、4—5岁幼儿的游戏行为中，协同游戏所占的比例分别为 3％、4.2％、28.8％。

☆合作游戏到幼儿4岁左右才出现。4—5岁时逐渐以协同、合作游戏为主。

☆独自游戏在幼儿2—5岁之间的三个年龄并无显著差异。在2—3岁、3—4岁、4—5岁幼儿的游戏行为中，独自游戏所占的比例分别为45％、53.3％、44.5％。

☆规则游戏。规则游戏是伙伴游戏的特殊形式，一般认为规则游戏代表着游戏发展的高级阶段。如果以游戏者对于游戏规则意义的理解和掌握作为规则游戏成熟的标志的话，那么规则游戏大约要到幼儿6岁左右时才可能出现。规则游戏虽然是通过"传递"获得的，但是儿童对于游戏的规则或者玩法的理解却具有个人和年龄的认知特征。

## 语言游戏

☆2—3岁幼儿在独处的时候往往反复地发出有规律而无意义的声音（例如"嘀嘀嗒""嘀嗒嗒""嗒嗒嘀"），并伴随着一些动作，仿佛是在进行语言的探索，这是练习性游戏的表现形式。

☆3岁以后，同伴游戏增多，同伴之间的交谈也随之增加。

☆3岁半左右，幼儿的社会性游戏中可以出现各种结构和形态复杂的语言，同时也出现了以对语言的嬉戏性运用为特征的自发性的韵律游戏和单字游戏、幻想和无意义的玩弄词语的游戏以及交谈。（猜谜语、说笑话、念儿歌等都是幼儿喜爱的语言游戏。）

☆4—5岁时，各种不同结构的语言，如儿歌、歌谣、说反话、颠倒歌，被使用在各种游戏中，从而使游戏更富有意义和乐趣。

## 象征性游戏

☆最初的象征性游戏主要是婴儿自己"日常生活"动作的再现，具有"我向"的特点；同时，自己既是动作的主体，也是动作的受体（例如：拿空杯子假装喝水）。

☆婴儿象征性动作的主要特点是"动作的迁移"。由于婴儿还不能辨别和分析物体的特征和功能，他们一般不注意物体的细节。一个东西只要能够帮助他们做出他们想要做的动作，都可以成为"代替物"，而不管"代替物"与"被代替物"之间是否相像。

☆约1岁半以后，幼儿常常出现对他人（洋娃娃或母亲）的假装动作。例如喂其他洋娃娃。

☆象征性游戏的发展表现为象征性动作的扩展和联合：婴儿最初的象征性动作是单个动作，而且往往在同一对象上重复多次。以后逐渐地能够有顺序、连贯地做出几种不同的动作。在2岁末，物、象征性动作和语言等因素在游戏中被整合起来，从而使游戏的情节更加丰富。

☆约在2岁的时候，幼儿开始能让洋娃娃成为独立的行动者，而不是受他照顾的接受者。如让洋娃娃自己吃、走、开车。这种"导演游戏"的出现表明幼儿已开始能够把别人看作独立的、具有行为能力的个体。

☆一直到2岁末，儿童游戏中象征性游戏的数量还比较少，而数量的多少往往与成人或伙伴的影响有关。

☆幼儿角色扮演能力的生成需要经历一个发展过程。幼儿的角色扮演遵循着角色行为—扮演意识—角色认知的路径发展。

☆3岁前，儿童角色扮演的特点是：他所扮演的成人的角色是具体的，角色还不具有概括性。

☆2—3岁的幼儿常常模仿成人的动作，但是却没有角色扮演的意识，最先出现的是模仿性的角色行为，例如：幼儿双手转动着方向盘，嘴里发出"嘀嘀"的声音假装开汽车，但是他还没有角色扮演的意识。

☆幼儿开始扮演角色时更多关注的是"物"而不是"人"。例如：幼儿之所以要当"警察"是因为对警察叔叔的指挥棒感兴趣，满足于用指挥棒"指挥"的动作。

☆2岁以后"以物代物"的行为有新的发展，表现在幼儿对于"物"的逼真性的依赖降低，他们可以用也可以不用玩具就能够做出想象的行为，甚至能够用语言来描述想象的情境。

☆真正的角色扮演行为出现在幼儿3岁末4岁初，角色扮演开始成为幼儿游戏的目的，角色引导幼儿的游戏行为：幼儿以自己确定要扮演的角色为依据选择适宜的物品，计划和组织自己的行动。幼儿表现出明显的角色认知。

☆幼儿在角色扮演中能够建立不同角色之间的关系。一个人能够扮演多种不同的角色，可以根据情节的变化做出适宜的角色行为。角色的转换具有顺序性和逻辑性，准确逼真地反映角色与角色之间的关系。

☆3岁、4岁幼儿的象征性动作主要还是由"物"引起的，他们的象征性作用还需要依靠形象相似的物体作为支柱，要求代替物与被代替物在外形方面有一定的相似性。

☆5岁、6岁的幼儿已不在乎代替物的形象是否逼真，他们对于"物"的逼真性的依赖降低。他们可以用也可以不用玩具就做出象征性动作，也可以对玩具或材料加以改造来构成一个新的代替物。

## 儿童游戏性别差异

☆儿童在游戏行为上表现出与性别相对应的风格。一般来说，男孩喜欢跑、跳等运动量较大的游戏，女孩则喜欢运动量较小、安静的、坐着进行的游戏。这种性别差异表现在各种不同类型的游戏中。

☆在象征性游戏中，女孩比男孩表现出更强的、不依赖于逼真的游戏材料来游戏的能力。

☆在角色扮演上，女孩扮演的角色以家庭生活为定向（例如母亲等），表现出更多养育行为；男孩则往往很快越过家庭、医生和学校等熟悉的或与日常生活相近的主题而选择诸如航天员、超人等不熟悉或偏离日常生活的主题，扮演超人、航天员等幻想性的角色。男孩也倾向于冒险主题并扮演反面角色和英雄角色，他们经常使用汽车和枪，他们的活动量也较大。

☆在规则游戏中，这种性别差异的表现比较明显。男孩往往分成团队进行游戏。他们的游戏规则较为复杂，包含更多的角色，有更强的竞争性，所需要的技能尤其是动作技能更为复杂。而女孩的游戏竞争性则较少，游戏规则的结构较简单，较少需要运动量较大的动作技能。

☆产生性别差异的原因：

1. 生物学方面因素的影响。如果在胎儿期受到人工雌性激素的影响，则不论其性别如何，都会减少以后参与追逐打闹游戏的频率。

2. 社会文化传统的影响。游戏行为的性别差异与父母的教养方式、社会文化传统有密切的关系。例如研究发现，13—14个月幼儿所表现出的攻击性行为在数量上并没有显著的性别差异。但是，成人对待男女婴儿的攻击性行为的态度是不同的。对于女孩的攻击性行为，成人表现出忽视的态度，往往不加注意，不给予任何反应。但对于男孩的攻击性行为，成人往往表现得很在意，总是试图去纠正或转移这种行为倾向，结果却是强化了男孩的这种攻击性行为倾向（这使男孩了解到如何才能获得成人的注意）。

3. 伙伴的影响。相同性别的儿童在一起

游戏时，其平行游戏和合作游戏的频率分别是异性儿童平行游戏和合作游戏的2倍和4倍。儿童倾向于和同性别伙伴游戏，可能是能力、性别角色刻板化、有共同的兴趣等因素混合作用的结果。

## 成人在儿童游戏中的角色承担与作用

基本原则：在与婴幼儿进行游戏时，游戏应以婴幼儿的反应为引导而不是以成人的刺激为引导。这是成人在和婴幼儿的游戏中需要遵循的一个重要原则。

### 婴儿出生后第1个月

☆提供无活动限制的服装、摇篮和在婴儿醒着时能够引起婴儿注意的环境。

### 1—4个月

☆在婴儿所处的环境中提供变化的因素；
☆抱着婴儿四处走走；
☆把婴儿举起；
☆把婴儿放在摇篮里；
☆观察、讨论、记录婴儿的变化；
☆把音乐玩具打开，放在婴儿看得见的地方；
☆把玩具放在婴儿的手里或他可以够得着的地方；
☆给婴儿穿可以自由活动的服装；
☆为婴儿的重复活动提供时间和空间。

### 4—8个月

☆观察婴儿的重复性动作，提供能够支持这种重复性动作的材料；
☆把积木、洋娃娃、球和其他玩具放在婴儿够得着的地方，想方设法吸引婴儿去看、够、拿物品或玩具；
☆做一个动作并等待婴儿的模仿，然后再一次重复这个动作，例如笑、张开嘴；
☆为婴儿提供安全无限制的环境和实际的动作和语言，支持、鼓励婴儿练习滚、坐和爬；
☆提供软而牢固的物体供婴儿练习站，并加以鼓励。

### 8—12个月

☆把玩具放在婴儿的身边；
☆和婴儿用手绢玩"躲猫猫"游戏；
☆面对婴儿把积木放在自己身后，并用语言描述自己的动作，例如"我把球放在自己的身后"；
☆为婴儿游戏提供时间和空间；

☆用学步车等做支撑物，鼓励婴儿独立行走。

## 12—18个月

☆和幼儿玩"藏和找"的游戏。在幼儿注视的时候，当着幼儿的面把东西藏在枕头底下或毯子底下，并问："它在哪里呀？""你能找到它吗？"观察幼儿的反应，鼓励幼儿去找，表扬幼儿的注意和思考；

☆允许幼儿玩水，鼓励幼儿发现物体放在水里的各种反应；

☆提供时间和材料刺激幼儿思考和尝试新的主意；

☆提问但不要直接告诉答案；

☆鼓励幼儿进行假装；

☆允许幼儿重复自己的游戏，发展自己的爱好。

## 18—24个月

☆给学步儿童时间自己去思考、寻找物品，观察他们在游戏中表现出来的对于事物的认知，允许他们在游戏中发生与玩具和材料相关的冲突；

☆观察和辨认学步儿童游戏的连续性的主题，为他们提供服装和材料，支持他们扮演角色。

## 2岁—6岁

☆鼓励幼儿进行伙伴交往和适宜的游戏行为，引导幼儿的亲社会性行为，干预幼儿的攻击性行为并为之提供适宜的示范；

☆为幼儿开展游戏提供适宜的玩具和游戏材料，尤其是提供有益于促进幼儿学习和解决问题的开放性材料，注意玩具和游戏材料的发展适宜性；

☆利用各种途径和方法（包括讲故事、看图书、参观访问、谈话等）来丰富幼儿的生活经验，为幼儿开展游戏奠定经验基础；

☆为幼儿开展合作性和协商性的角色扮演游戏创造条件和机会，建议或示范适宜的角色行为；

☆为幼儿提供丰富的美工活动材料，鼓励幼儿通过建构来表达自己的想象和生活经验；

☆向幼儿介绍和提供规则简单的规则游戏以便他们以后能够自己独立游戏，概率性的规则游戏比策略性的规则游戏更适宜，同时不宜过于强调规则游戏的输赢；

☆注意在游戏中观察和了解不同性格和发展特点的幼儿的游戏情况，进行适宜的个别化指导；

☆各种类型的游戏应无显著的性别差异，因此，在看待和指导幼儿的游戏时，成人应该抛开固有的性别定式，为男孩女孩提供均等机会去接触各种不同类型的游戏，使他们身心得到平衡协调发展。

插画：宋雪

# 玩具与游戏材料

**玩具的价值与选择原则**

☆玩具一开始就被人们用作教育和训练的工具。人们创造玩具,不仅仅为了"娱乐"儿童,更重要的是为了帮助他们掌握学习和生活的实用技能、技巧。玩具承载着社会和成人的教育目的以及对于儿童的期望。

☆美国一项关于学龄前儿童教育计划的研究显示:给儿童过多的玩具或不适当的玩具会损害儿童的认知能力,因为儿童在如此多的玩具面前会显得无所适从,无法集中注意力玩一件玩具。

**对玩具的性别认同倾向**

☆18—24个月时,幼儿就在玩具的选择上表现出反映社会期望的性别认同倾向。女孩喜欢选择娃娃和家务活动方面的玩具,男孩喜欢选择交通工具、士兵之类的玩具。这种性别偏向是普遍存在的跨文化现象。在美国、欧洲与亚洲的幼儿身上都发现了这种对玩具的性别认同倾向。

☆性别认同倾向不同的原因:

1. 生物学方面的因素影响。如果幼儿在出生前或出生后几个月内受到高度的雄性激素的影响,那么在3—8岁时,这些幼儿不论男女,都会对传统的男生玩具表现得更加偏爱。

2. 来自社会文化的影响。父母在与子女的相互作用过程中,加入了大量的文化期望与行为的规定性，他们用各种标准、价值、风俗与习惯来要求子女。子女从父母的各种反应中，逐渐懂得父母所期望的东西，并不断修改与调整自己的行为，以符合父母的期望。除了父母以外，同性别的伙伴也对儿童玩具选择上的性向形成有一定影响。儿童，尤其是男孩，如果没有按照同伴团体的标准来选择和使用玩具，并产生适宜的游戏行为，就会有被伙伴团队排斥的危险。

3. 大众媒介的影响。大众媒介对儿童玩具选择中的性向形成也有不可忽视的作用。电视广告是展示定型化的性别角色的重要渠道。广告中的儿童大都以传统的性别角色出现。在玩具广告中，很少看到男孩和女孩在一起玩的情景。研究发现，经常看电视的3岁幼儿比电视看得少的同伴有更多的性别角色定型观念。

## 不同年龄段儿童玩具与游戏材料

3岁及3岁以下婴幼儿使用的玩具，最重要的是应该避免和小零件有关的潜在的噎塞和窒息的危险，以及玩具原料可燃性及与可迁移元素含量有关的潜在危险。

3岁以后，幼儿从过去主要和成人协同游戏，到逐渐学会自己独立游戏和与伙伴共同游戏；从最初的依赖实物，要求玩具的逼真性发展到对实物依赖逐渐减少，可以使用象征性的动作、物体和语言进行游戏。此阶段玩具与游戏的选择，更倾向于学习和成长的需要。

### 适合0—1岁婴儿的玩具和游戏材料

1. 发展视听觉的玩具：能缓慢移动、声音柔和、色彩明亮、设计简单、线条和造型清楚。玩具应置于婴儿的右边（在80%的时间里婴儿的眼睛是看右方的，因此玩具放在右边比较能引起其注意）；放置玩具的地方距婴儿的眼睛最好是27—47厘米之间。

2. 发展手的动作的抓握玩具，如摇铃、拨浪鼓等或大小适宜、安全的日常生活用品。玩具质地应柔软、有弹性、耐咬、耐洗，造型应简单、色彩明亮、适合婴儿的操作，例如套叠玩具、推拉玩具、球、软塑料玩具等。

3. 发展婴儿自我意识的玩具或材料，如镜子等。

### 适合1-2岁幼儿的玩具和游戏材料

1. 能发出声响、增进感知觉发展和大肌肉动作发展的玩具或材料，如推拉玩具、木马、球等。
2. 建构玩具，如积木、拼图。积木以小而轻为宜，数量不必过多，因为学步期间的婴幼儿只是堆积木而不会建构模型。一般一个学步儿童以20—30块积木为宜；拼图以2—3块为宜，18个月以后可以增至3—5块。
3. 塑料桶、盆等玩水的材料是幼儿喜爱的玩具。
4. 蜡笔等可以培养幼儿涂鸦的兴趣。
5. 促进认知和培养探索兴趣的玩具。大小适宜、安全的家庭生活用品、空盒子、罐子等是学步儿童感兴趣的游戏材料。
6. 成人使用录音带、简单的图画书等，开始亲子共读的活动，激发和培养幼儿对阅读的兴趣。
7. 促进幼儿的象征性游戏和相关能力发展的玩具，例如电话、杯、盘，造型简单、重量较轻的玩偶、填充玩具等。

### 适合2-3岁幼儿的玩具和游戏材料

1. 能促进大肌肉动作技能发展的推拉玩具（如婴儿车、四轮车）、球（以直径25—30厘米为宜）、骑乘玩具（如小三轮车，在幼儿30个月大的时候为其提供为宜）、让幼儿钻进爬出的空纸箱等；玩沙玩水的材料（例如桶、铲子、筛子、玩具船等）。
2. 提供促进幼儿思维发展的玩具，如可以让幼儿进行造型、配对、排序、计数等活动的玩具和材料。
3. 提供促进幼儿问题解决能力发展的玩具，如软积木或单元积木，配合建构性游戏的玩具车辆、动物等；拼图（30个月以下的幼儿以4—5块为宜，30个月以上的幼儿以6—12块为宜）。
4. 促进认知、语言和表达能力发展的玩具，如逼真程度较高的模拟实物类玩具；满足幼儿阅读需求并可随意涂鸦、表演和创作的图画书、纸、蜡笔、黏土、手指画、安全剪刀以及简单的乐器（如鼓、铃鼓、沙铃等）。
5. 促进幼儿自理能力和独立品质发展的玩具，如练习穿、脱衣服或扣扣子、拉拉链的玩具或材料。

### 适合3—6岁幼儿的玩具和游戏材料

玩具的提供不仅要注意数量,还要注意种类,应满足幼儿日益增长的探索和创造的兴趣。

1. 促进大肌肉运动能力发展的推拉玩具(如婴儿车、手推车)、球、骑乘玩具(三轮车或四轮车)。
2. 增进小肌肉动作技能发展的玩具或材料(如串珠、编织等)。
3. 可促进幼儿思维和推理能力发展的,支持幼儿进行比较、分类、配对、排序、计数、测量、实验活动的游戏材料。如拼图(拼图的数量可增至12—50块)、磁铁、放大镜、三棱镜、温度计、罗盘、尺、听诊器、手电筒、岩石、贝壳、水族箱,以及简单的电脑游戏。
4. 满足幼儿建构需要的大型空心积木、中型单元积木等。
5. 促进感知觉和建构、创造力发展的玩具,如玩沙、玩水用具等。
6. 促进认知和创造力发展的玩具,如盒子、大纸箱、旧的衣物鞋帽或日常生活用品等。
7. 促进动手能力和认识发展的玩具,如各种偶类玩具(包括手偶、纸偶等)、交通工具模型玩具。
8. 促进语言表达和审美能力发展的玩具,如图书、蜡笔、彩色笔、水彩笔、画板、各种纸张、安全剪刀、胶水、黏土、颜料等。
9. 促进音乐技能和素养发展的玩具,如录有富有节奏感的音乐、儿歌、童谣,以及响板、木琴等打击乐器。

### 必须关注的玩具安全
#### 玩具带来的潜在伤害

重视玩具安全的目的是儿童在正常使用或可预见的合理滥用下,最大限度地避免因玩具自身的某些缺陷给儿童造成的伤害。这些缺陷可能来自设计、制造工艺或制造材料。造成的伤害可能有:

1. 中毒(毒性)和其他有害物质的伤害;
2. 烧伤或烫伤;
3. 窒息、勒死;
4. 吸入或咽下异物;
5. 跌落;
6. 其他机械伤害,包括切伤、撕裂、擦伤、眼伤、头伤和听觉伤害。

7. 电击；
8. 水上偶然事故的伤害。

## 家长选择玩具时应注意的事项

安全的玩具应该在正常使用（按玩具的操作说明，或按传统或习惯的、明显的玩具玩耍方式）状态下不会出现危险，在可预见的合理滥用（按非供应商推荐的方法使用玩具，但在正常情况下可能发生的使用方式，包括组合玩具等儿童的自由正常行为）下也不会出现危险。

### 玩具的机械和物理性能

#### 材料 ▶▶

所有材料应清洁干净、无污染。由膨胀材料制成的，能完全容入小零件试验器的玩具或玩具部件，在进行浸泡测试时任何部分膨胀不应超过原尺寸的50%。

#### 小零件 ▶▶

预定供36个月及以下婴幼儿使用的玩具及其可拆卸的部件或经过可预见的合理滥用测试后脱落的部件，不应完全容入小零件试验器。

预定供37—72个月儿童使用的玩具或其可拆卸部件如能容入小零件试验器，其包装应设有警示说明。

#### 某些特定玩具的形状、尺寸和强度 ▶▶

供36个月及以下婴幼儿使用的玩具不应是小球或含有可拆卸的小球；供36个月及以下婴幼儿使用的奶嘴的长度不应超过16mm。

供37—72个月儿童使用的玩具，如果是小球或含有可拆卸小球或经可预见的合理滥用测试后会脱出小球的话，其包装应设有警示说明。

玩具弹珠、含有可分离弹珠的玩具或经可预见的合理滥用测试后会脱出弹珠的玩具，其包装应设警示说明。

#### 边缘 ▶▶

供36个月及以下婴幼儿使用的玩具不应有可触及的功能性危险锐利边缘。

供37—72个月儿童使用的玩具如果存在功能性锐利边缘，应设警示说明。

供72个月及以下儿童使用的玩具不应有可触及的危险性金属或玻璃锐利边缘。

供72个月及以下儿童使用的玩具的可触及金属边缘不应含有危险的毛刺和斜薄边；应将玩具边缘做成折边、卷边或曲边，或用永久保护件或涂层予以保护。

供72个月及以下儿童使用的模塑玩

具的可触及边缘、边角或分模线不应有锐利的毛边或溢边，若有则要加以保护，使幼儿不可触及。

螺栓或螺纹杆可触及的末端不应有外露的锐利边缘或毛刺，或使其端部有螺帽覆盖，让锐利的边缘和毛刺不可触及。

尖端 ▶

供36个月及以下婴幼儿使用的玩具不应有可触及的功能性锐利尖端。

供37—72个月儿童使用的玩具，如果存在功能性锐利尖端，应设警示说明。

供72个月及以下儿童使用的玩具不应有可触及的危险锐利尖端。

玩具中木制部分的可触及表面和边缘不应有木刺。

突出物 ▶

对存在刺伤皮肤潜在危险的突出物，要用合适的方式对其加以保护。

金属丝和杠杆 ▶

用于玩具中起增加刚性或固定外形作用的金属丝或其他金属材料必须坚固，避免发生断裂而产生危险的锐利尖端、锐利边缘或突出物。

用于包装或玩具自身的塑料袋和塑料薄膜 ▶

塑料薄膜可黏附于儿童口鼻，导致其无法呼吸。但如果厚度大于或等于0.038mm，则认为危险性较小。

开口周长为360mm或以上，深度和开口周长的总和大于或等于584mm的软塑料袋，平均厚度应大于或等于0.038mm。

绳索和弹性绳 ▶

1. 18个月及以下婴幼儿使用的玩具上的绳索和弹性绳的直径应大于或等于1.5mm。

2. 18个月及以下婴幼儿使用的玩具上的自回缩绳的驱动机构中，可触及绳索的回缩长度不应超过6.4mm。

3. 36个月及以下幼儿使用的拖拉玩具上的绳索或弹性绳，若施以25N±2N拉力后测量其长度大于220mm，则不可连有可能使其缠绕形成活套或固定环的附件。

4. 用不透气材料制成的玩具袋开口周长大于360mm，则不应采用拉线或绳作为封口方式。

5. 童床上的悬挂玩具、健身玩具及类似玩具，应附有安装说明和必要的危险警示说明。

折叠机构 ▶▶

1. 带有手柄或其他折叠机构部件的玩具推车、玩具四轮婴儿车、玩具摇篮及类似玩具，如果手柄或其他结构部件可能折叠而压在儿童身上，则最少应有一个主要锁定装置及一个副锁定装置，二者应直接作用于折叠机构上；当玩具安装好后，至少其中一个锁定装置应能自动锁定。

2. 对于不存在手柄或其他结构部件会折叠而压在儿童身上的玩具推车和玩具摇篮车，至少应有一个锁定机构或安全止动装置，锁定装置或安全止动装置不应失效。

3. 可承载儿童重量或相应重量的玩具家具及其他玩具中的折叠机构、支架或支撑杆，应设有安全止动或锁定装置以防止玩具的意外移动或折叠。

机械装置中的孔、间隙和可触及性 ▶▶

选择符合国家相关标准的安全的玩具，防止 60 个月及以下儿童在使用玩具时，被玩具上的金属片和其他刚性材料上的可触及的圆孔夹住手指的危险。

玩具上活动件的间隙，也存在夹伤手指或其他身体部位的潜在危险，在设计和选择玩具时要考虑是否已经做好相关安全防护。例如：乘骑玩具的驱动机构应采用封闭形式，以防止儿童手指和身体其他部位被挤压致伤。

弹簧 ▶▶

要防止带有弹簧的玩具夹住或挤压儿童手指、脚趾和身体其他部位的危险。

封闭式玩具 ▶▶

所有由封闭空间构成、儿童能进入的玩具，不论其是否为预定容纳儿童而设计，都要做到既要有足够的通风孔，还能使封闭在里面的儿童能在无外人帮助的情况下，很容易地逃出。

弹射玩具 ▶▶

硬质弹射物的端部的半径不应小于 2mm。

高速旋转翼或螺旋桨的周围应设计为圆环状以减少可能产生的危险。

弹射物不应有危险锐利边缘和锐利尖端；所有弹射物均不应完全容入小零件试验器。

如果弹射机构能发射非玩具本身提供的专用弹射物，应设警示说明。

水上玩具 ▶▶

水上玩具上的所有气门嘴都应有止回

阀及永久连接于玩具之上的气门塞。当玩具充满气体时，气门塞应能塞入气门座，其留在外面的部分突出玩具表面高度不应超过5mm。

不应有暗示"在无人监护下使用该类玩具是安全的"文字或图案。

水上玩具应有提醒该玩具是不是救生设备的警示说明。

**热源玩具** ▶▶

在满负荷输入进行升温测试时，带热源的玩具不应被点燃；手柄、按钮和相关部件的温升不应超过相应规定值；玩具气态可触及部件的温升不应超过相应规定值。

**口动玩具** ▶▶

要防止口动玩具或其吹嘴部件无意中被吸入而引起儿童窒息等危险。含有可移动或可脱卸吹嘴（如喇叭的吹嘴）的玩具，其吹嘴不能太小，防止儿童无意中吞下或吸入。

**玩具火药帽** ▶▶

玩具专用火药帽在可预见的合理使用过程中不应产生可能伤害眼睛的火花、灼热的物体及碎片。要防止因制造问题或结构缺陷而导致在正常使用情况下的危险性爆炸。

玩具火药帽的包装盒上应有警示说明。

**仿制防护玩具** ▶▶

对所有覆盖面部的刚性玩具，进行相应冲击测试时，不应产生锐利边缘、锐利尖端或可能伤及眼睛的松动部件。

**液体填充玩具** ▶▶

要防止被刺穿的牙咬玩具及类似产品产生的危害，尤其要避免接触到已被污染或因为刺穿而被污染的液体。

评价液体潜在危害应注意以下几点：

水质液体：

1. 渗漏发生的容易程度；
2. 液体的微生物总量（如致病病菌的数量）；
3. 化学防腐剂的使用（只能是食物中允许使用的防腐剂，并要有一定量的限制）；
4. 其他可溶性物质（如颜料等）。

非水质液体（一些非水质液体由国家法律规定）：

1. 渗漏发生的容易程度；
2. 液体的性质和种类；
3. 液体的体积；
4. 液体的毒性；

5. 液体的易燃性；

6. 对与渗漏液体接触的其他材料的影响。

**稳定性和载重要求**

要防止容易倾倒的玩具可能引起的危险；要防止玩具家具和玩具箱的门、抽屉或其他可移动部分被拉到最大位置而倾倒所引起的危险；要防止玩具因超载负重而可能引起的危险。

**玩具的燃烧性能**

除规定的情况外，玩具不应含有易燃气体、极度易燃液体、高度易燃液体和易燃固体。

**玩具材料中可迁移元素的最大限量**

玩具及其相关部件的材料中可迁移元素的含量应低于或等于下表中相应元素的最大限量。

| 玩具材料 | 元素（mg/kg） | | | | | | | |
|---|---|---|---|---|---|---|---|---|
| | 锑 Sb | 砷 As | 钡 Ba | 镉 Cb | 铬 Cr | 铅 Pb | 汞 Hg | 硒 Se |
| 除造型黏土和指画颜料的其他玩具材料 | 60 | 25 | 1000 | 75 | 60 | 90 | 60 | 500 |
| 造型黏土和指画颜料 | 60 | 25 | 250 | 50 | 25 | 90 | 25 | 500 |

**玩具安全标示和使用说明**

安全标示 ▶

安全标示应醒目、易读、易懂，且不易被擦掉。

安全信息应以提醒消费者注意的格式出现，且应标注在产品包装或产品本身上，以便消费者购买时很容易看到。

例如："警告！内含小零件，不适合3岁及以下儿童使用。"

使用说明 ▶

对玩具的安全使用及组装的有关资料和说明，无论是印在包装上还是单独的说明书，都应该通俗易懂。

## 玩具年龄组提示的价值与依据准则

为了确保玩具在儿童身体和智力发育的不同阶段是合适及安全的，年龄组的划分与提示就显得格外重要了。

年龄组提示是用来向顾客提供购买玩具的指南，以使消费者根据不同年龄组儿童的平均能力和兴趣及玩具本身的安全情况，选择适合的玩具。适合不同年龄儿童使用的玩具应该标明最低使用年龄。

年龄组显示儿童平均发育情况，然而并不一定能够反映个别特殊儿童的情况。对于特定玩具是否适合儿童发展阶段，以及是否适合儿童安全玩耍，需要家长结合儿童发展阶段特征、自家儿童发展的具体情况，以及玩具的具体性能特点等做出理智的判断。总之，家长是儿童的最直接、最重要的守护者。

### 确定年龄组的准则▶▶

为玩具确定适合的年龄组时应考虑以下准则。在全盘考虑所有准则的同时，为了做出更适当的年龄分组判断，每一个准则可有所侧重。

1. 玩具应与儿童操作和玩耍玩具的某些特性的体能相适应。这需要了解一个特定年龄组儿童通常具有的体力及身体协调情况、细微和粗犷的动作情况、体型及力量等。

2. 玩具应与儿童了解如何使用玩具的智力相适应（指理解玩具的使用说明、操作步骤及目的）。为了能激发儿童的能力并促进其发展，考虑某特定年龄组儿童的智力是很重要的。对于儿童来说，玩耍玩具既不应该太容易也不应该太困难。

3. 玩具应满足不同发育阶段儿童玩耍的需要和兴趣。在恰当划分年龄组时，应了解儿童发育程度和制定游戏材料及游戏环境，以促进各个阶段儿童发育是很重要的。儿童玩耍的兴趣和对玩具的喜爱变化很快，应注意儿童在某些阶段对特定玩具的喜爱，因此应该注意玩具的可玩性和对儿童的吸引力。总而言之，玩具必须是有趣的。

# 掌握儿童成长关键期

**什么是关键期？**

20世纪20年代，一个英国人在印度发现了两个由狼抚养大的女孩，这两个女孩的生活习性与同她们生活在一起的野狼一样。英国人将两个女孩带离狼群，进入了人类社会。其中一个女孩在离开狼群后不到一年由于不适应人类社会而死去，另一个女孩在人们的精心养育下成功地活了下来，一直到17岁。在这个狼孩回到人类环境后，人们想方设法恢复她的智力和人性。在长达4年的教育训练后，她仍只能听懂几句简单的话，总共学会了6个单词。又过了3年，词汇增加到45个，也只会说几句不流利的话。直到她死的时候，她的智力仍旧停留在相当于4岁儿童的水平。

目前，世界上已经发现了三十多个由动物抚养长大的人类孩子，这些孩子被称为"野孩"。这些孩子没有一个在回到人类环境后恢复为完全正常的人，他们的大脑功能和相应的智力水平远远落后于同龄人。

这些"野孩"的事例说明，在人类诸多能力的发展上，存在着一个神奇而重要的时间段，如果错过了在这个时间段给予其适宜的教育影响，就可能导致某些能力发展缓慢，或不能得到充分发展，更有甚者是停止发展。这个神奇而重要的时间段，被称为"关键期"。

关键期存在的一个重要依据来自脑科

学的研究：大脑细胞的发育一般是在母亲怀孕三周后就开始了，而且比身体其他部位的细胞生长得更快。在胎儿期，脑细胞不断生长并分化和迁移到脑中的不同部分，在这个阶段，大脑确定了它未来的框架和功能。一个健康和发育良好的大脑将会给孩子的未来提供重要的保障。

我们的大脑皮层在不断地特化。所谓特化就是越来越专业化，特定的皮层区域负责特定的机能。大脑皮层的各个区域不是以同一速度完成其特化或成熟的过程，不同区域在不同时期成熟。这是人脑的种系演化和个体演化的共同结果，也是人类适应自然和社会发展的一种表现。大脑的不同区域有着不同的成熟时间这一现象，现在正在不断得到发育神经学的证实。

关键期存在的另一个依据来自组织学的研究，这里有一个"先多后少"的铺路原理。举例来说，有一片草地，有一些人从不同方向走过草地，踩出了几条不同的路，走过来的人越多，路会变得越多。但是，最后可能只有几条主要的路得到人们的采纳而保留了下来，而其他的路则由于走的人越来越少，而慢慢消失。

人类的大脑在形成信息网络通路时，也有一个类似的过程。孩子刚出生时，对外界还没有接触，大脑皮层没有形成对事物的网络。随着孩子的成长，由于生活中的大量接触，各种信息网络不断形成，到了6岁左右，各种信息网络形成了。有些网络由于不经常使用而慢慢地消失，有些网络由于经常使用得到强化而保留了下来，这些保留的网络就是非常重要的学习和工作的网络。形成这些网络，正是关键期要实现的目标。

幼儿大脑功能的发展不是一条平稳的直线。在不同时期，脑的发育呈现不同的状况，有时快，有时慢。与这种情况相对应，幼儿各种认知技能的获得，比如语言、知觉、注意等也表现出与不同的时间阶段相关联的发展模式。

美国著名心理学家布鲁姆总结有关的研究资源，得出结论：如果一个人17岁时的智能为100%，那么，其1岁时的智能发展完成了20%，4岁时就达到了智能的50%，8岁时则完成了80%，13岁时已经到了92%。由此可见，人类智能的发展主要是在学前期完成的。一个重要的原因就是在学前期有许多关键期的存在，在关键期实现的发展是后来成倍的努力也难以达到的。

最先在教育领域中提出并应用关键期理念的是意大利早期教育专家蒙台梭利。蒙台梭利在自己的教育实践中证明，儿童在某一时期会对某些技能表现出特别的敏感。她把这些特异性的时期叫作敏感期。这个敏感期就是我们现在所说的关键期。

关键期不是绝对的，而是相对的。首先，对于大脑的不同机能，关键期是不一样的；其次，相对于不同的人，关键期也有不小的差别。因此，在谈论关键期时，要注意是针对哪一种机能或技能的关键期，而在应用关键期指导我们对脑机能进行开发，及对儿童施与教育影响时，应该因事而异、因人而异。

## 儿童不同机能或技能发展关键期

**"感知觉发展"关键期**
**时间：2—5岁**

知觉有很多种，在幼儿早期教育中比较容易操作的是对外界事物的形状知觉、大小知觉，以及方位知觉。

**形状知觉：** 形状知觉与几何图形的辨别和掌握有直接的关系，而认识几何图形是学好数学的基础。2—5岁是儿童形状知觉发展的关键期。

**大小知觉：** 大小是相对的，辨别物体的大小比辨别物体的形状难度大一些。对平面图形大小的辨别，比对三维立体体积大小的辨别发展得早一些。2—3岁是儿童对平面图形大小知觉发展的关键期；3—5岁是对体积大小知觉发展的关键期。

**方位知觉：** 方位知觉包括上下、前后、左右等。2—3岁是儿童发展上下知觉的关键期；3—4岁是发展前后知觉的关键期；5岁左右是发展以自身为中心的左右定位的关键期。

**"动作表达转折"关键期**
**时间：4岁**

2岁前，虽然幼儿与成人的交流主要是以非语言交流为主，但养育者不要因为孩子不会说规范的语言而忽视他们的语言发展，而要充分运用手势、体态语言与他们交流。对于幼儿来说，动作不仅仅是口头语言的辅助手段。在前语言阶段，姿态与动作是幼儿参与社会交流的基本手段，具有一定目的性、约定性和指代性，发挥着语言替代物的作用。

幼儿语言交流过程中无论是编码还是译码，都必须借助大量的非口头语言的手段。幼儿期动作表达以发展核心动作并进行扩展为主。随年龄增长，幼儿动作表达能力逐渐提高，动作表达能力在幼儿期表现出持续发展的趋势。4岁是动作表达的转折期。动作表达不仅不会因为口头语言的发展而退居其次，而且还与口头语言的发展具有密切的关系。

### "语言发展"关键期
### 时间：6岁以前

从脑科学的发展来看，人类大脑发育达到了某种程度，对哪些机能有了准备，就要开发哪些机能，这样才能事半功倍。人类的语言活动分为口头语和书面语，口头语又可以进一步分为表达和理解，书面语又可分为阅读和书写。语言活动是一个十分复杂的过程。针对不同的语言机能有不同的关键期。总体来说，6岁以前是语言发展关键期。在这个阶段，父母应经常和孩子说话，给孩子讲故事，或多用"反问"的方式，加强孩子的语言能力，为其日后的人际交流奠定良好基础。

### "语音发展"关键期
### 时间：1岁以前

一般都把婴儿出生到第一个具有真正意义的词产生之间的这一时期（0—12个月）划为前语言阶段。在汉语系统中，婴儿的前语言阶段是在语言获得过程中的语音敏感期。

0—1个月的婴儿已能对声音进行空间定位，并能根据声音的物理特征来辨别各种声音的细微差别，表现出对语音（尤其是母亲语音）的明显偏爱。

2个月至3或4个月，婴儿已开始理解语言活动中的某些交往信息，能和成人进行"互相模仿"式的"发音游戏"，能够辨别并模仿成人语音，获得了语音范畴性的知觉能力。

5个月至8或9个月，为婴儿语音修正期。婴儿已能辨别语言的节奏和语调特征，并开始根据周围的语音环境改造、修正自己的语音体系。

9至12个月，婴儿已能辨别母语中的各种音素，能把听到的语音转换为音素，并认识到这些语音所代表的意义，在这个阶段被称为学话萌芽期。在这个阶段，婴儿能够经常地、系统地模仿和学习语音，为语言的发生做好准备。

### "基本掌握语法"关键期
### 时间：2—2.5岁

2岁左右，婴幼儿的语言中出现了"三词句"，即在原有双词句的基础上，婴幼儿开始增加动词和其他句子结构成分，使说出的话具有了一般简单句的特征。到2岁4个月至2岁半时，能够说出"四词句"，这表明幼儿进入了完整句的形成阶段。一般来说，2岁半左右，幼儿的语言中出现了简单句，同时开始使用一些修饰词。因此，通常认为这个阶段是幼儿基本掌握语法的关键时期。

### "口头语言发展"关键期
### 时间：2—3岁

2—3岁幼儿发音器官逐渐成熟，在发音方面的困难日渐减少。唇音基本没有困难，但是舌头发音还比较困难。例如"zh、ch、sh、r"等，少数幼儿的"g、k、h、u、e"发音也有困难。大约2岁半以后幼儿开始掌握语言的语法系统，这时往往出现概括现象。例如"妈妈买、妈妈买"，至于买什么谁也搞不清楚。3岁左右，幼儿能说完整句子，其说话方式基本和成人差不多，能用完整的句子与人交往，表达个人的要求及愿望。

2—3岁是幼儿基本掌握口语的阶段，口头语言发展将持续到入学前。因此，2—3岁是个体口头语言发展的关键期。口头语言表达能力的发展，既有利于内部语言的产生，也为幼儿进入学校接受正规教育、掌握书面语言奠定了基础。

### "语言表达能力发展"关键期
### 时间：3—5岁

3岁前幼儿与成人的语言交际，主要以对话语言为主，往往仅限于回答成人提出的问题，或者向成人提出一些问题。3岁后，在与成人的交际中，他们更渴望把自己的某种体验、印象告诉成人，这能促进幼儿独白语言的发展。

幼儿初期（3—4岁），儿童语言的发展具有情境性特点，想到什么说什么，缺乏条理性、连贯性。随着年龄的增长，幼儿情景语言的比重逐渐下降，连贯语言的比重逐渐上升。在正确教育的影响下，一般到幼儿晚期，儿童就能较清楚、系统、绘声绘色地讲述看过或听过的事件或故事了。口语表述的内容以物体可视的、外在的特征为主；随年龄增长呈现出由物体固有属性向关系属性转变的趋势。

3—5岁是幼儿口语表达能力快速发展的时期。这是幼儿语言发展进行大量积累的阶段，不仅词的数量大量增加，词的质量也明显提高。引导幼儿将消极词汇转变为积极词汇，提高口语表达能力应是这个阶段语言发展的重点。

> "形容词快速发展"关键期
> 时间：4—5岁

4岁以后，是儿童使用形容词的快速发展时期。4.5岁儿童开始使用描述事件情景的形容词。4—5岁儿童掌握形容词的速度最快。据研究，学前儿童运用最多的形容词有30个，主要是表示事物的外形特征、颜色特征和感觉特征的形容词，如"红""白""圆""烂""干净""大""小""高""长""胖"等。形容词运用的迅速发展，是儿童句子复杂化的一个标志，也是儿童对事物性质认识迅速发展的一个标志。

儿童掌握的词类与概念的发展密切相关。名词、动词、形容词，反映事物及其属性的词，幼儿容易掌握；副词比较抽象，幼儿掌握起来较难；虚词反映事物之间关系，因此幼儿掌握起来更难。

> "书面语言发展"关键期
> 时间：3.5—4.5岁

随着儿童精细动作的发展，3—4岁的儿童开始能够握住笔。到4—5岁时，儿童开始对书籍、阅读和书写感兴趣，有初步的前阅读和前书写能力。与此同时，儿童的词汇量快速增长，词汇的质量也在快速攀升。能够说出的句子的种类在增加，例如能够说出较多带状语的句子。所说句子的长度以7—10个字居多。这对于促进儿童书面语言发展方面有积极而重要的作用。4—5岁是儿童书面语言发展的正式起点，也是书面语言发展的关键时期。

> "阅读发展"关键期
> 时间：4.5—5.5岁

4—5岁的儿童开始能自主选择不同的阅读材料进行阅读。例如故事书、幼儿自制图书等，音像读物及照片集等阅读素材。幼儿能够独立阅读图书，理解画面内容，开始对画面的文字感兴趣，主动学认常见汉字。在适宜的教育引导下，到5—6岁时，儿童能够专心阅读，能理解阅读内容并用语言进行讲述，喜欢阅读各类能理解的图文信息，具备初步的阅读能力，具有良好的阅读习惯。由此可见，4.5—5.5岁这段时间正是儿童阅读兴趣培养、阅读技能提高和良好阅读习惯形成的关键时期。

## "秩序发展"关键期
### 时间：2—4岁

秩序发展关键期是指幼儿对秩序极端敏感的一个非常重要和神秘的时期。在这一时期，幼儿对事物的秩序有强烈的需求，并逐步产生对物体摆放的空间或生活起居习惯的时间顺序的适应性，即秩序感。

按照蒙台梭利的观点，儿童具有两重秩序感，即内部的秩序感和外部的秩序感。内部的秩序感使儿童意识到自己身体的不同部位和它们的相对位置；外部的秩序感则指幼儿对外部世界存在的规律和关系的感知与理解。秩序感的表现形态有安全感、归属感、时空感、格局感、规则意识等。

1—3岁的幼儿由向内的秩序感逐渐转向向外的秩序感，有强烈的追求外在事物秩序化的欲望，对物品摆设的位置、动作发生的顺序、人物的呈现、物品的所有权等有着近乎苛刻的要求，如若遭到挑战就会感到不安、焦虑，甚至会表现出极端的激烈反应。

在3—4岁，幼儿会出现追求完美秩序的关键期。幼儿对秩序的敏感会上升到对规则的要求：无论在什么地方，我遵守规则你也必须遵守规则，人人都要遵守规则。并且逐渐从服从规则转变为能把一些生活常规进行内化。

5岁之后，幼儿对秩序关系的感受越来越明确、越来越深入，会对时空秩序感和具有美感价值的秩序感，即秩序美感特别关注。

## "对细微事物感兴趣"关键期
### 时间：1.5—4岁

进入对细微事物感兴趣的关键期的幼儿，会突然对一些细小的东西产生兴趣，比如土里的小昆虫、衣服上的细小图案、地上的烟头等。处于这一时期的幼儿常常会做出一些让大人不理解的细小动作，比如捏起一片掉落的叶子不停地往花盆里插，或是摆弄着花手绢怎么看也不烦。

一般来讲，在1岁半到2岁时，幼儿开始进入关注细微事物的关键期，这一关键期通常会持续到4岁。当然，不同的个体之间可能存在比较大的差异。一旦发现幼儿有了上述行为，家长就可以着手给他一些必要的支持，协助他获得更好的发展。

### "动作发展"关键期
### 时间：6岁以前

一般认为，婴儿动作最早发生在新生儿时期。婴幼儿动作的发展主要有两个方面的内容，即行走动作的发展和手运用技能的发展。这个阶段应充分给幼儿创造运动的机会，使其肢体动作正确、熟练，并帮助其左、右脑均衡发展。除了大肌肉的训练外，也要强调小肌肉的练习，即手眼协调的细微动作教育，这不仅能养成良好的动作习惯，也能促进儿童智力的发展。

### "外语学习"关键期
### 时间：2—6岁

母语和外语这两种语言究竟是同时开始，还是一先一后地发展，一种观点认为两种语言可以同时进行，即当幼儿学说母语时就开始进行第二语种的教育。另一种观点认为，最好等儿童的母语建立了基础后再开始进行第二语种的学习。如果采用第一种观点，成人就需要找到合适的环境和条件，例如父母双方有一方的母语为第二语种等。若采用第二种观点，在幼儿园阶段就可以开始对幼儿进行第二语种的教育。目前，幼儿园的外语教育已经成为一项重要的早期教育内容。

### "基本数学机能发展"关键期
### 时间：2—3.5岁

儿童对数的认识，可以分为辨数、认数和点数三个阶段。

辨数指区别两个集合中的元素的数量的多和少。辨数的发展最早，一些孩子1岁多就已经能够正确辨别物品的多和少了。一般来说，辨数发展的关键期在2岁左右。

认数是指不用点数而凭直觉认识集合中元素的数目。认数的发展比辨数晚一些，比点数早一些。认数发展的关键期在3岁左右。

点数指逐一按物数数，并说出总数是几个。按物数数和说出总数是两个不同的过程，按物数数在先，说出总数在后。点数发展的关键期在3岁半左右。

> **"数概念形成和发展"关键期**
> 时间：2—3岁，5—6岁

儿童对数概念的掌握包括两个基本内容：一个是基数，另一个是序数。基数是指一个数的大小，序数是指数与数之间的先后顺序。基数概念的萌发比序数早一些。

一般情况下，儿童到2岁左右才会数数。数数是人类数学技能发展历程中的一个重要里程碑。儿童数数时，一般要遵循五个基本规则：第一个规则是一个数对应一个物体；第二个规则是数与数之间有一定的顺序；第三个规则是数数时数到最后一个数就代表了这个数列所含的数；第四个规则是数数的方法可以用于任何数列；第五个规则是数数时不论从什么地方开始都行，也就是说一个数列的长短与从什么地方开始数没有关系。这五个规则是掌握数数技能的关键。5岁左右是儿童掌握数数技能的关键期。

儿童序数概念发展的高峰期出现在学前期。3岁儿童的正确率在50%左右，4—5岁的儿童达到了80%。这说明到5岁左右，儿童序数概念已经有了显著发展。

> **"在数词和物体数量间建立联系"关键期**
> 时间：4—5岁

4—5岁儿童正处于在数词和物体数量之间建立联系的关键阶段。这一时期，儿童已经从只对少量的物体具有模糊的数的观念达到了可以形成较为清晰的数的观念的阶段。在感知量的精确性上也有了很大的提高。

在这一时期，儿童能够在数完物体后说出它们的总数，开始理解数量的"守恒"，即能够理解"3"与"3个苹果"在数量上是一致的。儿童可以借助实物进行10以内数的组合与分解，能够做简单的实物加减运算，能够认识第几和前后顺序等。

### "自我评价能力发展"关键期
### 时间：3.5—4岁

儿童对自我评价的能力发展得比较晚，一般认为在2—3岁。3岁儿童中出现自我评价的人数仅占总数的22.5%，可见，3岁儿童自我评价能力也较低。40%的3岁儿童即使进行自我评价也是完全以他人（主要是成人）的评价作为自己的评价标准。儿童自我评价能力开始发生转折的年龄在3.5—4岁。此年龄段的发展速度较4—5岁时要快，绝大多数5岁儿童已能进行自我评价。

幼儿自我评价的特点是：（1）从相信别人的评价到自己独立评价；（2）从主观评价过渡到更多的客观评价；（3）开始以一定社会道德行为准则进行评价；（4）评价所用的语言表达从笼统到具体。

### "自我控制能力发展"关键期
### 时间：3—5岁

自我控制能力在3—4岁儿童中还不明显，但通过外部语言可以进行自动调节，中介变量为社会互动与交流。从缺乏自我控制到有自我控制的转折平均年龄是4—5岁。5—6岁儿童绝大多数都有一定的控制能力。总体来说，幼儿的自控能力还是比较弱的。儿童3—4岁时所测得的自我控制水平，与15—20年后所测得的自控水平之间的相关，有极其显著的水平。男孩的相关要高于女孩。

### "自我情绪体验发展"关键期
### 时间：4岁

幼儿早期的体验主要表现为与生理有关的愉快和愤怒，是较为低级的自我体验；委屈、自尊、羞愧感等较为高级的社会性体验还很少。但随着年龄的增长，儿童的各种体验都在发展，社会性体验也在逐渐增强。4岁左右，幼儿自我情绪体验由与自身心理需要相关联的情绪体验（愉快、愤怒）向社会性情感体验（委屈、自尊、羞愧感）不断深化发展，同时又表现出易受暗示性影响。动手做事有利于幼儿情绪情感体验的发展。

### "交往能力发展"关键期
### 时间：1—1.5岁，3—4岁

16—18个月，是幼儿交往能力发展的转折点，此后，幼儿参与社交性游戏的频率迅速增长。从3岁起，儿童偏爱同性伙伴，经常与同性伙伴在一起游戏、活动。3岁以后儿童的交往频率更高，交往的时间更长，交往活动的种类更多，交往的积极性、主动性增强，合作性游戏随着年龄的增长而增多。3—4岁，幼儿依恋同伴的强度和与同伴建立起友谊的频率有显著增长。

> **"社会规范认知与学习"关键期**
> 时间：2.5—6岁

2—3岁儿童对引起事情的原因只有模糊的了解，且他们的行为直接受行为的结果所支配，因而这个年龄段的儿童，既不是道德的，也不是不道德的。从4岁开始，有71.67%的儿童能够运用一定的道德行为规范来评价自己和他人关系的好坏；4岁以后的儿童，还能根据一定的道德规范来对待长者。但是4岁儿童还不能自觉模仿成人从社会意义上来评价道德行为的好坏。5—6岁儿童能够在一定程度上模仿成人从社会意义上评价道德行为的好坏。

通常来说，2岁半后，儿童开始逐渐脱离以自我为中心，而对结交朋友、群体活动有明显倾向。这时父母应帮助孩子明确生活规范、日常礼节，使其日后能遵守社会规范，能够自律。

> **"文化认同发展"关键期**
> 时间：0—6岁

蒙台梭利认为幼儿对文化学习的兴趣萌芽于6岁，6至9岁儿童出现了探索事物的强烈要求以及对周围环境产生出浓厚的兴趣。一方面，这一时期的幼儿对科学文化产生强烈的探究意识。另一方面，他们还会对所处社会的文化与价值观有一定的了解和理解，并会形成一定的文化认同感和对所属集体的归属感。

如果将"对文化形成深刻印象，存储在记忆深处""关心周围事物，怀着好奇心，打破砂锅问到底地探究，不停地问是什么、为什么"等作为处于文化敏感期的儿童的主要特征，那么，儿童文化敏感期的起始点可能要早于6岁。中国几千年的教育实践与观察证实，0—3岁的教育对儿童成长发展的影响最为深远，3—6岁次之。由此可见，0—6岁这一时期，对于儿童文化认同方面的发展有着特别重要的作用。

## "自我认知发展"关键期
## 时间：9个月—3岁

9个月至2岁为婴幼儿认知生理自我的时期。婴幼儿在这一时期最早注意到自己身体的各个部位，如脸、头、眼睛、鼻子、耳朵、手、脚、肚子等，并知道这些部位是属于自己的而不是别人的。这时期，婴幼儿对于自己的所属物，如属于自己的衣服、玩具、器皿、食物等也会有比较深刻的认识。

2—3岁是儿童认识社会自我的时期。这一阶段的儿童对自己的认识不仅表现在身体上，而且还表现在逐渐体验到的自我需要上。这种需要不仅有生理的需要，更有社会的需要。除了吃喝拉撒睡的需要外，幼儿还有游戏、交往、说话、唱歌、跳舞等各种需要。

插画：宋雪

# 社会文化对儿童成长发展的影响

对于"文化"一词的内涵与外延,不同学科背景的人,可能会给出差异极为显著的说法。专注于社会中"文化"对于个体成长影响这一议题,我们认为,"文化"是生态环境和人类族群长期相互影响和作用后形成的某个族群所独有的特殊财富。"文化"具有"顶天立地"的性质。"顶天"体现为"文化"是一种高层次的精神追求,在潜移默化中塑造着人的价值观、思维方式与风俗习惯;"立地"体现为"文化"通过非常具体的事物或活动方式来作用于浸润其中的个体的成长与发展。

音乐绘画的艺术创造中有文化的传承与创造,待人接物的礼仪规范中有文化的默默影响……无论一个人生活在哪个地区,哪个族群,必然会受到其所特有文化的影响、支持与约束,从而获得相应的价值观、思维方式,理解和遵守该族群所特有的风俗习惯与行为规范。

地球上有文字记载的文明,已有五千多年的历史。如果追溯文字出现前,人类社会一代又一代通过口口相传方式延续文明的历史,人类文明可能已经发展上万年、数万年或者更加久远。浩瀚的历史星河,凝聚了一颗颗璀璨的文化明珠——中国传统文化、古印度文化、古希腊文化、埃及文化、罗马文化、古巴比伦文化、阿拉伯文化、西方文艺复兴时期的古典文化与现代文明等等。毋庸置疑,这些不同时期、不同地域的文化，均对生存于其中的人有着独特的影响。

科技与经济的发展，时间与空间的距离明显缩短，塑造了今天的"地球村"。各个族群文化的交互影响和渗透，成为不可回避的社会发展大趋势，多元文化社会正在形成。无论是主动的还是被动的，人们除了受到本地区、本族群的文化影响，有更多的便利条件去接触和了解其他地区与族群的文化。经济发展全球化、物质生活丰富化、精神追求多元化……共同构造了现代人的生存环境。

在这样复杂多变多元的社会环境中，如何培养自己的后代，自然成为人们必须面对的重中之重的课题。拥有健康的身体，拥有国际视野，拥有丰富的知识，拥有一技之长，发展多元爱好，拥有好性格，养成好习惯……这些都很重要。

总而言之，在教育后代的问题上，最重要莫过于引导孩子拥有正向的价值观、科学的思维方式和良好的行为习惯。近代西方社会基于科学精神的价值观认为，一件事情只有经过科学实验的证实，经得住时间的考验，才是正确的。在这点上，中国人是幸运的。在人类历史上，中国是唯一文化未曾出现断层的国家。中国有经过几千年历史验证和沉淀下来的宝贵文化财富，形成了适合成人使用的四书五经，也形成了适合孩子们使用的《弟子规》读本等等。

有人会说，古人所著的东西，不适合现在的情况了。不可否认，如《弟子规》中的某些案例在现在社会中使用，是不合时宜的。但是，作为智慧的现代人，我们不应该因噎废食。从"正向价值观、科学思维方式和良好行为习惯"这三项价值取向来说，《弟子规》无疑是一份非常优秀的儿童启蒙读物。《弟子规》等读本中被几千年历史验证的价值观与思维方式，再加上现代社会适宜的案例演绎配合，无疑对孩子们会有非常强大的正面影响。从古今中外的文化宝库中，寻找具有正能量的财富，引导孩子接触、接纳、吸收和融合，这是成人应该为我们的孩子做的最重要的事情。另外，在处理"社会文化"这一比较抽象而不可或缺的义项时，我们惊喜地发现《弟子规》具有某种"指标"的简明和直接，可以说是古人留下的"儿童社会文化成长指标"。

附：弟子规

**总叙**

弟子规　圣人训　首孝弟　次谨信
泛爱众　而亲仁　有余力　则学文

**入则孝**

父母呼　应勿缓　父母命　行勿懒
父母教　须敬听　父母责　须顺承
冬则温　夏则清　晨则省　昏则定
出必告　反必面　居有常　业无变
事虽小　勿擅为　苟擅为　子道亏
物虽小　勿私藏　苟私藏　亲心伤
亲所好　力为具　亲所恶　谨为去
身有伤　贻亲忧　德有伤　贻亲羞
亲爱我　孝何难　亲憎我　孝方贤
亲有过　谏使更　怡吾色　柔吾声
谏不入　悦复谏　号泣随　挞无怨
亲有疾　药先尝　昼夜侍　不离床
丧三年　常悲咽　居处变　酒肉绝
丧尽礼　祭尽诚　事死者　如事生

**出则悌**

兄道友　弟道恭　兄弟睦　孝在中
财物轻　怨何生　言语忍　忿自泯
或饮食　或坐走　长者先　幼者后
长呼人　即代叫　人不在　己即到
称尊长　勿呼名　对尊长　勿见能
路遇长　疾趋揖　长无言　退恭立
骑下马　乘下车　过犹待　百步余
长者立　幼勿坐　长者坐　命乃坐
尊长前　声要低　低不闻　却非宜
进必趋　退必迟　问起对　视勿移
事诸父　如事父　事诸兄　如事兄

**谨**

朝起早　夜眠迟　老易至　惜此时
晨必盥　兼漱口　便溺回　辄净手
冠必正　纽必结　袜与履　俱紧切
置冠服　有定位　勿乱顿　致污秽
衣贵洁　不贵华　上循分　下称家
对饮食　勿拣择　食适可　勿过则
年方少　勿饮酒　饮酒醉　最为丑
步从容　立端正　揖深圆　拜恭敬
勿践阈　勿跛倚　勿箕踞　勿摇髀
缓揭帘　勿有声　宽转弯　勿触棱
执虚器　如执盈　入虚室　如有人
事勿忙　忙多错　勿畏难　勿轻略
斗闹场　绝勿近　邪僻事　绝勿问
将入门　问孰存　将上堂　声必扬
人问谁　对以名　吾与我　不分明
用人物　须明求　倘不问　即为偷
借人物　及时还　后有急　借不难

**信**

凡出言　信为先　诈与妄　奚可焉
话说多　不如少　惟其是　勿佞巧

奸巧语　秽污词　市井气　切戒之
见未真　勿轻言　知未的　勿轻传
事非宜　勿轻诺　苟轻诺　进退错
凡道字　重且舒　勿急疾　勿模糊
彼说长　此说短　不关己　莫闲管
见人善　即思齐　纵去远　以渐跻
见人恶　即内省　有则改　无加警
唯德学　唯才艺　不如人　当自砺
若衣服　若饮食　不如人　勿生戚
闻过怒　闻誉乐　损友来　益友却
闻誉恐　闻过欣　直谅士　渐相亲
无心非　名为错　有心非　名为恶
过能改　归于无　倘掩饰　增一辜

## 泛爱众

凡是人　皆须爱　天同覆　地同载
行高者　名自高　人所重　非貌高
才大者　望自大　人所服　非言大
己有能　勿自私　人所能　勿轻訾
勿谄富　勿骄贫　勿厌故　勿喜新
人不闲　勿事搅　人不安　勿话扰
人有短　切莫揭　人有私　切莫说
道人善　即是善　人知之　愈思勉
扬人恶　既是恶　疾之甚　祸且作
善相劝　德皆建　过不规　道两亏

凡取与　贵分晓　与宜多　取宜少
将加人　先问己　己不欲　即速已
恩欲报　怨欲忘　报怨短　报恩长
待婢仆　身贵端　虽贵端　慈而宽
势服人　心不然　理服人　方无言

## 亲仁

同是人　类不齐　流俗众　仁者希
果仁者　人多畏　言不讳　色不媚
能亲仁　无限好　德日进　过日少
不亲仁　无限害　小人进　百事坏

## 余力学文

不力行　但学文　长浮华　成何人
但力行　不学文　任己见　昧理真
读书法　有三到　心眼口　信皆要
方读此　勿慕彼　此未终　彼勿起
宽为限　紧用功　工夫到　滞塞通
心有疑　随札记　就人问　求确义
房室清　墙壁净　几案洁　笔砚正
墨磨偏　心不端　字不敬　心先病
列典籍　有定处　读看毕　还原处
虽有急　卷束齐　有缺坏　就补之
非圣书　屏勿视　蔽聪明　坏心志
勿自暴　勿自弃　圣与贤　可驯致

更多内容，请访问芝兰玉树教育研究院网站（www.zlysedu.org）。

# 8+1儿童成长模式

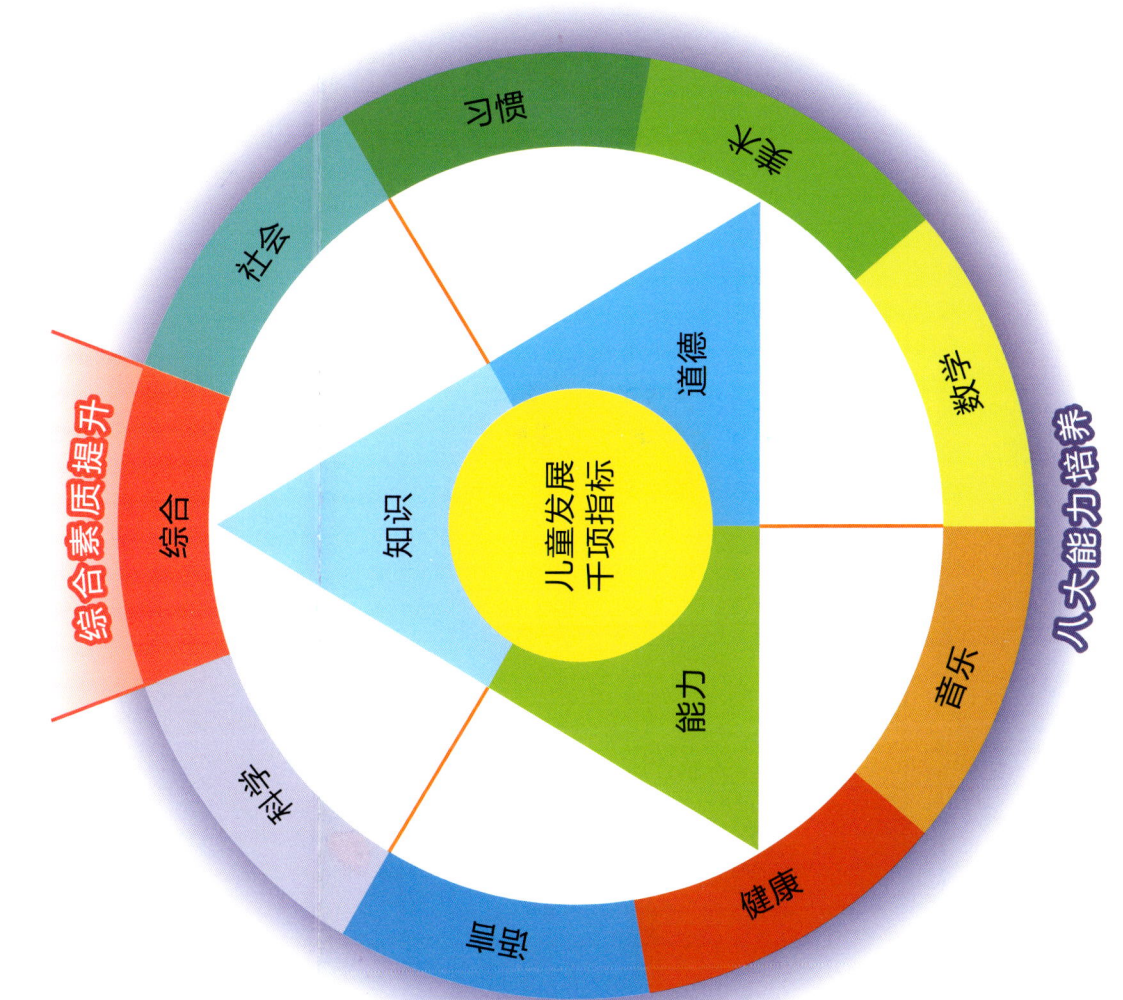

# 中国（0-6岁）儿童成长指标体系 8+1儿童成长模式 元素图谱

| 健康 | 语言 | 科学 | 数学 | 社会 | 习惯 | 美术 | 音乐 | 综合 |
|---|---|---|---|---|---|---|---|---|
| 全身动作与大动作 | 语音声调 | 物质科学 | 数的概念 | 自我意识 | 生活习惯 | 色彩与形状感知 | 听辨 | 感知 |
| 精细动作 | 词汇、句子和语法 | 地球资源与环境 | 集合与分类 | 社会认知 | 卫生与健康习惯 | 工具和材料 | 歌唱 | 探索 |
| 人体认识与保护 | 倾听和理解 | 生物科学 | 几何图形 | 依恋发展 | 饮食习惯 | 绘画 | 韵律 | 观察、问题和假设 |
| 安全意识与防护 | 说与交流 | 宇宙的起源与演变 | 空间与时间 | 性别角色 | 运动习惯 | 手工 | 节奏 | 收集并建构知识 |
| 心理健康 | 早期阅读 | 科学家与科学的历史 | 量的比较与自然测量 | 亲社会行为 | 理财习惯 | 装饰与美化 | 乐器 | 信息组织与理解 |
| 生活自理 | 书面表达 | 科学探究 | 加减法运算 | 社会适应 | 文明的行为习惯 | 美术情绪体验与表达 | 表演 | 问题解决 |
| 食物与营养 | 文学欣赏 | / | 数据分析、概率和预测 | 社会行为技能 | 道德习惯 | / | 音乐欣赏 | 学习品质 |
| 卫生与健康行为 | / | / | / | / | 学习习惯 | / | / | 媒体素养与信息技术 |

荣誉出品：芝兰玉树教育研究院　　版权所有：北京芝兰玉树科技有限公司

# 中国（0—6岁）儿童成长指标体系

对于个体来说，健康是一种身体上、精神上良好的状态和适应能力，并非只是没有疾病和身体强壮。

健康领域的教育，是指通过信息传播和行为干预，帮助幼儿掌握卫生保健知识，树立健康观念，自愿采纳有利于其健康的行为和生活方式的教育活动。

# 健康

全身动作与大动作

精细动作

人体认识与保护

安全意识与防护

心理健康

生活自理

食物与营养

卫生与健康行为

**全身动作与大动作**：指促进涉及胳膊、腿、足部肌肉或全身的较大幅度的动作的发展，例如爬、跑、跳等。

**精细动作**：指较小的动作，例如用大拇指和食指拿起东西、转动脚趾等。

**人体认识与保护**：指培养幼儿科学地认知、使用、养护和锻炼身体器官。

**安全意识与防护**：指帮助幼儿树立安全意识，引导幼儿学习必要的安全常识，激发幼儿参加体育活动的兴趣，培养幼儿良好的行为习惯等。

**心理健康**：指培养幼儿的情绪反应适度、自我体验愉悦、社会适应能力强、心理发展达到相应年龄儿童组的正常水平。

**生活自理**：指帮助幼儿获得自己完成身边各种力所能及的事情的能力，主要包括自己穿脱衣服、鞋袜、收拾整理衣服、独立进餐等。

**食物与营养**：食物是通常由碳水化合物、脂肪、蛋白质或水构成，能够借进食或是饮用为人类或者生物提供营养或愉悦的物质。营养指机体摄取消化、吸收和利用食物或养料的整个过程。食物与营养，指引导幼儿能够初步了解食物与营养的关系，并能够做到不偏食、不挑食，均衡地摄取身体成长所需要的各种营养。

**卫生与健康行为**：卫生指为增进人体健康、预防疾病、改善和创造合乎生理、心理需求的生存环境、生活条件所采取的个人的和社会的卫生措施。健康是指一个人在身体、精神和社会等方面都处于良好的状态。卫生与健康行为，指促进幼儿养成讲卫生和其健康发展的行为的总称。

## 儿童成长指标

### 全身动作与大动作

**全身动作发展**

☆2.1月：稍微抬头；

☆2.6月：头转动自如；

☆3.7月：抬头及肩；

☆4.3月：翻身一半；

☆4.7月：扶坐竖直；

☆4.8月：手肘支床，胸离床面；

☆5.5月：仰卧翻身；

☆5.8月：独坐前倾；

☆6.1月：扶腋下站；

☆6.6月：独坐片刻；

☆7.2月：蠕动打转，扶双手站；

☆7.3月：俯卧翻身，独坐自如；

☆8.1月：给助力爬；

☆9.3月：从卧位坐起；

☆9.4月：独自能爬；

☆10.0月：扶一手站；

☆10.1月：扶两手走；

☆11.2月：扶物能蹲；

☆11.3月：扶一手走。

**大运动动作发展**

☆1.5月：俯卧举头；

☆2.1月：俯卧、头抬45°；

☆2.8月：坐，头稳定；

☆2.9月：俯卧、头抬90°；俯卧、抬胸，手臂能支持；

☆3.6月：拉坐，头不滞后；

☆3.7月：腿能支撑一点儿重量；

☆4.5月：翻身；

☆6.4月：不靠支撑地坐；

☆7.0月：扶东西站；

☆8.6月：拉物站起；

☆8.7月：能自己坐下；

☆9.4月：扶家具可走；

☆9.9月：能站瞬息；

☆11.5月：独站；

☆12.0月：弯腰再站起。

### 整体描述

☆0—1个月：身体不能自由移动；四肢不自主地舞动；俯卧时头能稍稍抬起一下；开始发展身体的平衡感。

☆1—2个月：巩固抬头动作，强化背部和颈部的肌肉；促进四肢关节活动。

☆2—3个月：俯卧抬头可达45—90度；拉坐时头无明显后垂；能跟随物体移动头部（从一边转到另一边）；学习自如地向两侧翻身，发展身体的协调运动能力；锻炼上身身体配合的力量，增强腰背部肌肉发展；刺激平衡器官协同工作，促进平衡感的发展。

☆3—4个月：俯卧抬头可达90°，并向周围看；竖着抱头稳定；拉坐时头无后垂；扶站时，下肢能支撑自己部分体重；在左右翻身的基础上学习从俯卧翻转到仰卧，发展身体的运动协调能力和平衡感。

☆4—5个月：俯卧时前臂支撑抬头和胸部；可主动从仰卧位翻身到侧卧位；拉坐时头主动跟起；扶站时，下肢能支撑起自己的大部分体重；开始练习匍匐向前爬行，为后期爬行打下基础。

☆5—6个月：俯卧时手掌支撑，抬头和胸腹部；能熟练地从仰卧位翻身到侧卧位或俯卧位；以腹部为中心旋转移动身体；扶站时，下肢能支撑自己的体重；开始以一定频率做蹬跳动作；能靠着坐一会儿。

☆6—7个月：能自己扶坐片刻；能握住自己脚玩；从仰卧位翻身俯卧位；开始匍匐爬行。

☆7—8个月：独坐片刻；能从俯卧位翻回仰卧位；能在双手和腹部的支撑下匍匐爬行；扶站时双足能负重，足放平。

☆8—9个月：独坐稳；能手膝并用爬行；从坐位能转换到卧位。

☆9—10个月：独坐稳，左右转动自如；能灵活地利用手膝爬行；从卧位能转换到坐位，自己坐起；能扶物站立，开始扶物侧向迈步。

☆10—11个月：能扶物站立稳；能扶物侧向迈步；能独站片刻。

☆11—12个月：独站稳；能扶物弯腰捡东西；开始独立行走。

**精细动作**

**手的动作发展**

☆4.7月：抓住不放；

☆6.1月：能抓住面前的玩具；

☆6.4月：能用拇指、食指拿东西；

☆7.5月：能松手；

☆7.6月：传逆（倒手）；

☆7.9月：能拿起面前的玩具；

☆10.1月：能从瓶中倒出小球；

## 精细动作发展

☆1.0月：（视线）跟至中线；

☆1.5月：（视线）跟过中线；

☆2.2月：（视线）跟过180°；

☆2.7月：抓住拨浪鼓；

☆3.2月：两手能握在一起；

☆3.8月：注意类似葡萄干样的细小事物；

☆5.6月：伸手拿东西，能将方积木在两手间传递；

☆5.8月：坐着两手拿稳两块积木；

☆6.3月：手掌抓取小丸；

☆6.4月：坐着找绒球；

☆7.9月：拇—他指抓握；

☆8.6月：将两手中拿的方积木对敲；

☆10.5月：拇—食指抓握；

## 整体描述

☆0—1个月：听到身边发出的声音会皱眉头，撇撇嘴，还会寻找声音源头；手基本握拳，很少张开；目光能瞬间跟随移动着的红球转动。

☆1—2个月：手大部分时间握拳，手指有时会伸展，可以被动抓握，知道用手抓握物品，开始锻炼抓握能力；开始能注视物体了，发展视觉跟踪能力。

☆2—3个月：手大部分时间松开；两手握一起，可注视自己的手；可让拨浪鼓在手中留握片刻；注意发展观察细小物品的能力，促进手眼协调能力发展。

☆3—4个月：玩弄手指；手有目的地伸向东西，有主动抓握意识；视线能跟随物体上下左右移动；会把玩具放入口中；能找到声源。

☆4—5个月：伸出双手，在手所能及的范围抓住玩具；抓握不够精确；将手放入口中；坐位水平视线跟随好；能注视掉落的玩具；能把头转向声源。

☆5—6个月：能伸手抓取，两手各握一玩具；能全掌抓取小丸；能将物品放入口中；能注视、玩弄玩具、会寻找失落的东西；会躲猫猫。

☆6—7个月：能将东西从一只手传到另一只手；拇指与其余手指能配合抓起玩具；全掌抓起小丸；用玩具敲打桌面；手、眼、脚动作协调。

☆7—8个月：双手握物对敲；熟练地双手传递东西；拇指与其余手指配合抓起小丸。

☆8—9个月：显示出偏爱某一只手；熟练地双手配合玩；拇指与食指配合抓起小丸；能从杯子中取出小积木。

☆9—10个月：伸出食指试探、抠东西；拇指与食指近端捏起小丸；试把东西放入杯中。

☆10—11个月：拇指与食指能捏起小丸；把东西放入杯中。

☆11—12个月：拇指与食指准确地捏起小丸；能试着搭积木。

### 人体认识与保护

☆0—1个月：锻炼腿部关节与肌肉的力量。刺激前庭觉，发展平衡感。

☆1—2个月：通过刺激皮肤的触觉，发展皮肤的感知觉。

☆2—3个月：学着闻味道，促进嗅觉的发展。

☆3—6个月：通过使用各种材质的物品激发皮肤触觉，丰富皮肤感知觉。

☆6—12个月：认识五官，能将名称与实物对应。

### 安全意识与防护

☆0—1个月：具有搜寻反射（觅食反射）、吸吮反射、游泳反射、眨眼反射、巴宾斯基反射、爬行反射、踏步反射、抓握反射、摩洛反射（惊跳反射）等；听到声音有皱眉、受惊吓、呼吸节律变化或哭等表现。

☆随着成长，婴儿表现出更多自我保护性质的行为。例如：一个毛绒玩具在眼前晃动时，有眨眼睛、躲避等行为出现。

### 心理健康

☆1—2个月：体验身体不同部位的感觉，感受家人对自己的爱；培养愉快的情绪。

☆2—12个月：培养愉快的情绪体验。

☆2—12个月：培养幼儿的安全感（为孩子创造多接触带有积极正向信息的事物的机会，以培养积极的情绪，增强安全感）。

### 生活自理

☆在婴儿期，帮助孩子养成有规律的进食习惯。

☆培养幼儿符合社会文明规范的大小便习惯。

**食物与营养**

☆能将常见蔬菜、水果等食物的名称与实物相匹配。

☆能够在成人的帮助和指导下,适量喝水。

**卫生与健康行为**

☆能够有规律地大小便。

☆睡眠稳定而有规律。

插画:宋雪

# 语言领域

语言是人类最重要的交际工具，它以符号、文字、图案、音乐、语音、肢体动作与面部表情等为载体，来传递或交流情感和信息。人们借助语言保存和传递人类文明的成果。

语言领域的教育是指培养幼儿清楚、正确地发音；丰富幼儿的词汇，发展幼儿的思维和口头语言的表达能力；初步培养幼儿对文学作品的兴趣，以及审美能力。

# 语言

语音声调

词汇、句子和语法

倾听和理解

说与交流

早期阅读

书面表达

文学欣赏

语音声调：语音是语言的物质外壳，正是因为有了语音，语言才成为可以被人们感知的东西，使人们之间的思想交流更为直接、便利。声调是音节的高低，汉语是有声调的语言，不同的声调和不同的声母、韵母一样，代表不同的意思。

词汇、句子和语法：词汇是语言的建筑材料，一个人要很好地掌握语言这一交际工具，就必须掌握足够的词汇。句子是语言运用的基本单位，它由词、词组（短语）构成，能表达一个完整的意思，如告诉别人一件事，提出一个问题，表示要求或者制止，表示某种感慨，表示对一段话的延续或省略等。语法包括词法和句法两部分：词法主要是指词的构成、变化和分类规律；句法主要是指短语和句子等语法单位的构成和变化规则。

倾听和理解：是指启动听觉器官，接收语音信息，儿童能够听懂指示、故事和对话等。

说与交流：是指用口头语言来表达自己的思想、情感，以达到与人交流的目的。

早期阅读：是指0—6岁学龄前儿童通过变化着的色彩、图像、文字或借助成人形象地读、讲来理解读物的活动过程。

书面表达：是指用书面文章的形式把自己的观点、见解和态度表现出来，它的优势在于直观明确，由于给予了表达者足够的时间去构思和润色，避免了口头表达内容观点的遗漏、逻辑性差等缺点，在内容上比较深刻和全面。学前期较为重视前书写技能的培养，包括幼儿小肌肉的协调性，及对字形的空间知觉、方位知觉的发展。

文学欣赏：是在理解文学作品的基础上，通过想象、联想、情感、思维、再创造等心理活动领略作品，以追求著作的可读性和趣味性。

# 儿童成长指标

## 语音声调

☆0—1个月：具备听辨声音的能力（多听他人说话，促进语言发育）。

☆0—1个月：能感受妈妈的声音；注意发展听觉，提升听觉反应能力。

☆0—1个月：锻炼口、唇的学习、模仿能力。

☆0—1个月：小嘴巴能发出声音。

☆0—1个月：哭是第一个月的主要发音。这个月内婴儿学会了调节哭叫声的音长、音量、音高。能用几种不同的哭叫声表示他们不舒服、叫人来或要吃奶等要求。

☆1—2个月：高兴时会发出1—2个韵母声，如"a、u"。

☆2个月：婴儿能发出更多声音，发音包括："a、ai、e、ei、hai、ou、ai—i、hai—i、u—è"等。

☆2个月以后：语音模仿开始有进展，有时还会出现与成人咿呀对话的情形，可长达数分钟。

☆2—3个月：能发一些元音"啊、喔、伊、噢"以及"爸、妈"的辅音。

☆2—3个月：倾听爸爸、妈妈声音，能感受低音、高音的不同。

☆2—3个月：开始练习辅音发声，逐步知道各种声音的含义。

☆2—3个月：情绪好时常常会主动发音，轻声笑出声音。

☆2—3个月后：婴儿的单音节发音已与情节发生关系。当焦急或不舒服时常发"i、e"等音，在放松状态下则较多发"a、o、e"等音。

☆3个月以上：开始学着模仿嘴巴的动作、发出声音，锻炼语言技能。

☆4个月起：发音发生明显变化，发音增加很多重复的、连续的音节。发音大多以辅音和元音相结合的音为主，并且开始从单音节发声向重叠多音节发声过渡。

☆4—5个月：对发音的兴趣增强，发音明显增多；能发出代表"高兴"与"不高兴"的声音。

☆4—8个月：婴儿开始进入连续音节的发音阶段，例如"a—ba—ba—ba—ma"。

☆5—6个月：开始咿呀学语，哭的时候会发出"mum—mum"声音。

☆6个月后，婴儿开始有近似词的发音，有的音开始具有某种意义。例如"ba—ba—baba"。

☆7—8个月：婴儿开始发重复的连续音节，如"mā—mā—mā""bà—bà—bà"。

☆7—9个月：能分辨家里的每个人的声音并作出反应。例如，妈妈在房间叫宝宝的名字，宝宝会把头转向妈妈。

☆9个月：能说出不同音节的连续发音"da—da—ba—ba"等，能根据成人手指动作的提示发出长音。

☆9—12个月：婴儿开始发不同的连续音节，并且明显增多，音调也开始多样化。开始进入学话萌芽阶段，能发出例如"ei—yo—you"等音。

☆11个月：开始咿咿呀呀地说话，说单字。

☆12个月：说一些（令听者感觉）难懂的话。

## 词汇、句子和语法

☆4个月：通过动作的反复能巩固对词语的理解。

☆11个月：能理解熟悉的词汇，学习认识几个常见物体的名称。例如：眼、嘴、鼻、衣服、手套、裤子、袜子等。

☆12个月：能指认1—2个身体部位。例如，鼻子、嘴巴、眼睛、耳朵等。

☆12个月：开始能说几个常见的物体名称或动物名称，如"灯""猫"等。

## 倾听和理解

☆0—1个月：感受妈妈的声音，发展听觉，提升听觉反应能力。

☆出生24天后就能够对男女的声音、父母的声音和不熟悉的声音作出明显不同的反应。

☆1—2个月：聆听各种不同的声音，刺激听觉的发展，提升倾听的能力。

☆1—2个月：熟悉爸爸的声音，感受爸爸的爱。

☆2—3个月：发展倾听能力，并练习发声。

☆3个月以上：通过丰富的视听刺激，使视觉和听觉能力协调发展。

☆3个月以上：能用手摇动物体，感受摇动物体发出声音的快乐；倾听声音的不同，促进听觉的分辨能力的发展。

☆3个月以上：逐步养成倾听的习惯，为

以后倾听书中内容和看书奠定基础。

☆5－6个月：听到有人叫自己的名字，能够转头看过去。

☆7个月：能逐渐听懂指令，并能准确地做出相应的动作，例如"笑一个"等。

☆7个月：发展听力，能辨别不同的声音。例如，能辨别玩具、闹钟、电话等玩具和物品发出的声音。

☆8个月：尝试发出："bà"、"mā"的音。

☆8个月：学会听声指物。例如，出示动物图片，说出动物名字，宝宝能指出相应的图片。

☆8个月：能从他人的表情、动作及语言中进一步理解"不"。

☆9个月：能听懂成人的语言指令和理解一些常用词汇；学习用动作表示语言。例如，日常生活中的吃饼干、玩玩具、日常问候等。

☆9个月：开始真正理解成人的语言。

☆10个月：在不同的游戏情境中，能理解为什么使用"噢""啊"等词。

☆10个月：学习理解成人的指示语，并做出相应的动作。例如，"把玩具拿出来""放回去"等。

### 说与交流

☆出生12天的新生儿，能以目光凝视或转移、停止吮吸或继续吮吸、停止蹬腿或继续蹬腿等身体行为对说话声音和敲击物体的声音做出不同的反应。

☆1－2个月：用不同的哭声表达不同的需要。

☆大约2个月时，婴儿会在生理需要得到满足之后，对成人的逗弄和语言刺激报之以微笑，或用声音、身体的同步动作予以应答，好像在和成人"交谈"一样。

☆3个月以上：能用笑声和叫声来表达快乐。

☆3－4个月：对成人说话能做出反应。

☆3－4个月：能把语言和物体联系起来，形成对外界事物的初级条件反射。

☆4个月左右，能对成人的话语逗弄给予语音应答，仿佛开始进行说话交谈，并且出现与成年人轮流"说"的倾向。当一段"对话"结束后，婴儿还会发一个音或几个音来主动引起另一段对话。

☆5个月以上：能用笑声和叫声表达快乐，能在游戏中体会儿歌的趣味性。

☆7－8个月：会模仿成人咳嗽、咂舌等。

☆9个月：能模仿成人发音，能理解常用

语音的意义。例如，模仿发"爸爸、妈妈"的音，能理解"走、坐、站"等简单语词。

☆9个月左右，可以用摇头和摆手来表示拒绝。

☆10个月：有意识地喊"爸爸、妈妈"。

☆10个月：开始有意识地用声音表示要求。如，开始发出"妈妈，抱抱"的音。

☆1岁左右，宝宝手势语更加丰富，能在父母的指导下做出各种动作。例如：用手势表示"欢迎"和"拒绝"，用挥手表示"再见"等。

### 早期阅读

☆2—3个月：开始喜欢看简单清晰的图片，喜欢看有意义的图形，开始发展观察能力。

☆2—3个月：学习看图和听说，养成喜欢看书和倾听的习惯，为未来的听说奠定基础。

☆8个月：喜欢看画册，发展宝宝的观察力和倾听能力。

☆11—12个月：学习将语言和图片形象对应起来。

### 书面表达

此年龄段暂不设定儿童成长指标。

### 文学欣赏

此年龄段暂不设定儿童成长指标。

# 科学领域

科学是指反映自然、社会、思维等的客观规律的分科的知识体系，是对一定条件下物质变化规律的总结。

科学领域的教育，指激发、引导和支持幼儿主动进行探究，使其经历从探索到发现的求知过程，以获得有关周围物质世界与生命世界及其关系的经验。

# 科学

物质科学

地球资源与环境

生物科学

宇宙的起源与演变

科学家与科学的历史

科学探究

**物质科学**：指帮助幼儿了解物质和材料的性质，初步理解物质的运动与位置，认识声、光、热、电、磁等自然现象。

**地球资源与环境**：指指导幼儿了解地球上物质和资源的基本属性和特征，以及刮风、下雨等地球空间中发生的各种天气现象，引导幼儿关心地球环境的变化，培养其爱护环境、节约能源的意识。

**生物科学**：帮助幼儿初步了解各种生命体的特征、生命周期，以及生命体与其所处的环境的关系，并在一定程度上了解生命体与非生命体的区别。

**宇宙的起源与演变**：指让幼儿认识太阳、月亮、星星等天体；知道恒星与行星、卫星的区别；初步理解在我们居住的银河系外，还有很多其他星系，在其他星系中也许还有生命存在等。

**科学家与科学的历史**：引导幼儿了解在人类科技发展史上做出过重要贡献的科学家，以及他们的一些事迹，培养其尊重科学家、热爱科学的意识。

**科学探究**：指帮助幼儿在一定程度上理解观察、比较、分类、测量、表达、推论、预测、假设、定义、控制变量等科学领域的研究与实践方法，并在这些维度上获得相应的发展。

## 儿童成长指标

### 物质科学

```
物质科学 ─┬─ 物质与材料的性质
         ├─ 物质的运动与位置
         ├─ 能量的形式,声、光、热、电和磁
         └─ 工具与设计技术
```

1. 物质与材料的性质

☆感受皮肤接触不同质地的材料的感觉。

☆感知颜色在水中的变化。

☆感受球的弹性。

2. 物质的运动与位置

☆开始注意物体。

☆能根据声音寻找声源。

☆初步感知声音的快、慢、停顿。

3. 能量的形式,声、光、热、电和磁

☆能辨别不同的声音。

4. 工具与设计技术

☆此年龄段暂不设定儿童成长指标。

### 地球资源与环境

```
地球资源与环境 ─┬─ 地球上的物质与资源
               ├─ 环境变化
               └─ 天气与天气预报
```

1. 地球上的物质与资源

　　此年龄段暂不设定儿童成长指标。

2. 环境变化

　　此年龄段暂不设定儿童成长指标。

3. 天气与天气预报

　　此年龄段暂不设定儿童成长指标。

### 生物科学

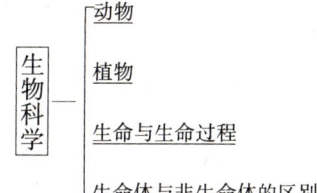

1. 动物

☆认识常见小动物,例如小猫、小狗。

2. 植物

☆认识常见的水果,如:苹果、香蕉、葡萄等,能知道它们的名字。

3. 生命与生命过程

　　此年龄段暂不设定儿童成长指标。

4. 生命体与非生命体的区别

　　此年龄段暂不设定儿童成长指标。

**宇宙的起源与演变**

　　此年龄段暂不设定儿童成长指标。

**科学家与科学的历史**

　　此年龄段暂不设定儿童成长指标。

**科学探究**

　　此年龄段暂不设定儿童成长指标。

插画：宋雪

# 数学领域

　　数学是利用符号语言研究数量、结构、变化以及空间模型等的一门学科。数学，作为人类思维的表达形式，反映了人们积极进取的意志、缜密周详的逻辑推理及对完美境界的追求。

　　数学领域的教育，指在成人的指导下，帮助幼儿对客观世界的数量关系以及空间关系（包括数、量、形、空等几方面）进行感知、观察、操作、发现和主动探索，是发展思维能力的过程。

# 数学

数的概念

集合与分类

几何图形

空间与时间

量的比较与自然测量

加减法运算

数据分析、概率和预测

**数的概念**：数是一种抽象符号，可以用来表示客观世界中各种事物的量，并能够用数来表示各种事物的量的关系。

**集合与分类**：在数学中，把具有某种相同属性的事物的全体称为集合，根据集合中元素的个数情况，可把集合分为有限集合、无限集合和空集合。分类指按照种类、等级或性质等分别归类。

**几何图形**：是指点、线、面以及它们的集合，学前期的几何图形认识包括平面图形认识和立体图形认识两部分。

**空间与时间**：空间是物质存在的一种客观形式，是物质存在的广延性和伸张性的表现。例如方位等；时间是物质运动变化过程的持续性和顺序性，例如次序关系等。

**量的比较与自然测量**：量是指客观世界中物体或现象所具有的可以定性区别或测定的属性，分为不连续量和连续量两种，例如多少、大小等，可以进行量的比较。

**加减法运算**：加法运算，指求和运算，将两个数合并成一个数的运算；减法运算，指从一个数中去掉一个部分数，求剩余数，是加法的逆运算。

**数据分析、概率和预测**：收集、整理、显示相关数据，运用数据理解关系和周围环境，通过判断分析、逻辑推理得出结论。

## 儿童成长指标

### 数的概念

☆10－12个月，婴儿会竖食指表示"1"。

### 集合与分类

此年龄段暂不设定儿童成长指标。

### 几何图形

☆感受圆形。

☆感受各种有意义的图形。

### 空间与时间

此年龄段暂不设定儿童成长指标。

### 量的比较与自然测量

此年龄段暂不设定儿童成长指标。

### 加减法运算

此年龄段暂不设定儿童成长指标。

### 数据分析、概率和预测

此年龄段暂不设定儿童成长指标。

社会是指由于共同的物质条件而相互联系起来的人群，主要的社会关系包含家庭关系、传统习俗和共同文化。宏观上，社会就是由长期合作的社会成员通过发展组织关系而形成的团体，并进而发展出了机构、国家等组织形式。微观上，社会强调同伴关系，并延伸到为共同利益形成的联盟。

社会领域的教育指以发展幼儿的社会性为主要目标，以增进幼儿的社会认知、激发幼儿的社会情感、引导幼儿的社会行为技能发展为主要内容的教育。

## 社会

- 自我意识
- 社会认知
- 依恋发展
- 性别角色
- 亲社会行为
- 社会适应
- 社会行为技能

**自我意识**：指儿童对自我以及与周围关系的认识，包括自我认知（自我概念、自我形象、自我评价、独立性等）、自我情感体验（自尊心、自信心、自我价值感、成就感、进取心等）和自我控制（自制力、自觉性、坚持性、自我延迟满足等）。

**社会认知**：指儿童对自我和其他社会成员、社会环境、社会规范等方面的认知。包括对行为动机和后果的分辨能力，对同伴意见的理解和采纳能力，角色承担能力，对成人要求的理解和采纳能力、对社会和道德规则的理解能力等。

**依恋发展**：表现为婴儿与其主要照顾者（一般为母亲）特别亲近，不愿分离，他们之间存在着强烈、持久、亲密的情感联结。依恋是学龄前儿童早期生活中最重要的社会关系，是个体社会性发展的开端和组成部分。

**性别角色**：指属于特定性别的个体在一定的社会和群体中占有的适当位置，以及被该社会和群体规定了的行为模式。换言之，性别角色是指特定社会所期待的男性和女性社会成员适当行为的总和。

**亲社会行为**：指人们在社会交流中所表现出来的谦让、帮助、合作、共享等有利于他人和社会的行为。

**社会适应**：指儿童对新环境的适应能力，对陌生人的适应能力，对同伴交往的适应能力等。

**社会行为技能**：指儿童在与人交往和参与活动时所表现出来的行为技能，包括交往的技能，倾听交谈的技能，非语言交往的技能，辨别和表达自己感情的技能，合作、轮流、遵守规则、解决冲突等技能。

## 儿童成长指标

### 自我意识

```
         ┌─ 自我情感体验
         │
         ├─ 自我认知
自我     │
意识  ───┼─ 自尊的发展
         │
         ├─ 自我控制
         │
         └─ 自我评价
```

**1. 自我情感体验**

☆吃饱了，睡足了，表现愉快、安静。

☆感到饥饿、身体不适时，表现出哭闹和消极、不愉快的情绪。

☆发展自我意识，感受家人的爱。

☆体验身体不同部位的感受。

☆在游戏中增进愉快的情绪体验。

☆哭的时间减少。

☆在成人的逗引下能大声笑（3—4个月）。

☆看到玩具时表现出高兴。

☆会表示害怕、愤怒、焦急、同情等情感。

**2. 自我认知**

☆通过对身体、玩具的感受，逐渐唤醒自我知觉。

☆开始萌发自我意识，发展观察力。

☆能够体验到每个手指或脚趾被触摸时的舒适感，感知自己的手和脚。

☆能够模仿微笑，学习认识自己的脸。

☆望着镜中人影笑，伸手拍打镜中的人影。在镜子中认识自己，利用镜子认识五官。

☆发展思维能力，认识自己，增进智力发育。

☆了解头、眼睛、嘴的部位，建立相应的名称概念，提升自我意识。

☆观察镜中的人影，认识脸部的五官，认识自己身体的部位。

☆在照片上认出自己，发展自我认知能力。

☆发展感觉能力，知道自己的名字。初步感觉独立性。

**3. 自尊的发展**

☆受到批评时会哭，初步拥有羞愧之心。

**4. 自我控制**

☆刺激身体触觉，激发情感能力的表达。例如：当感觉到痛的时候，能够用某些方式告诉成人。

☆学着独立活动。例如：自己拿奶瓶、水瓶等。

5. 自我评价

此年龄段暂不设定儿童成长指标。

### 社会认知

```
         ┌ 对自己和他人的认知
         │ 对环境的认知与理解
社会认知 ─┤ 对成人要求的理解与采纳
         │ 角色承担
         └ 对社会、道德与规则的理解
```

1. 对自己和他人的认知

☆能认识自己、妈妈和爸爸，及日常生活中与自己接触较多的人，例如：爷爷、奶奶、外公、外婆等。

☆熟悉并能分辨周围人的角色。

2. 对环境的认知与理解

☆增强对周围环境的感知。例如：自己的床、被子、玩具等；自己经常接触的场所。

3. 对成人要求的理解与采纳

☆对"不"的声音有反应（6—8个月）。

☆听从劝阻。

4. 角色承担

此年龄段暂不设定儿童成长指标。

5. 对社会、道德与规则的理解

此年龄段暂不设定儿童成长指标。

### 依恋发展

☆能够感受妈妈"不见了"的焦急，有期待妈妈重新出现的心情和发现妈妈重新出现时的喜悦。

☆能够体会亲子游戏的快乐。

☆表现出对妈妈以及熟悉的人的依恋。

### 性别角色

☆初步表现出偏爱与自己的性别角色特性相一致的玩具。

### 亲社会行为

☆能够把手中的东西分享给别人。例如：将自己的食物分给妈妈吃。

### 社会适应

☆喜欢和妈妈一起玩游戏，体验自己的头、鼻子、额头等部位被触摸的感觉。

☆在游戏中，逐步学会等待，在约定的时

机主动做出相应身体动作。

☆认识身体部位，能和妈妈玩互动游戏。

☆通过有意识地与同龄人接触，发展交往能力。

☆喜欢有人跟自己玩，见人会笑。

☆对陌生人表现出明显的拒绝（6—8个月以后）。

## 社会行为技能

社会行为技能
- 交往的技能
- 倾听交谈的技能
- 非语言交往技能
- 辨别和表达自己感情的技能
- 合作、轮流、遵守规则、解决冲突等技能

1. 交往的技能

☆（1—2个月）以微笑来表示应答。

☆会表示"不要"。

☆（从宝宝手中拿走东西时）宝宝会表现出强烈的反抗，与其进行沟通后会表示理解、接纳。

2. 倾听交谈的技能

☆能够开始注意他人的讲话。

3. 非语言交往技能

　　此年龄段暂不设定儿童成长指标。

4. 辨别和表达自己感情的技能

　　此年龄段暂不设定儿童成长指标。

5. 合作、轮流、遵守规则、解决冲突等技能

　　此年龄段暂不设定儿童成长指标。

习惯,就是人的行为倾向,也就是说,习惯一定是行为,而且是稳定的,甚至是自动化的行为。

习惯领域的教育,指帮助幼儿在基本生活方面养成良好的行为方式,包括进餐、着装、睡眠、学习等各个方面。

# 习惯

生活习惯

卫生与健康习惯

饮食习惯

运动习惯

理财习惯

文明的行为习惯

道德习惯

学习习惯

生活习惯：指人们为了生存和发展，在进行各种活动中积久养成的一种生活规范与行为方式。

卫生与健康习惯：指有益于促进卫生习惯的保持和促进身心健康的一系列相关行为的总和。

饮食习惯：指人们对食品和饮品的偏好，其中包括对饮食材料、烹调方法的偏好，以及烹调风味和佐料的偏好。

运动习惯：指促进幼儿生长发育、发展体能、提高其机能，增强对外界环境的适应能力的运动方式偏好。

理财习惯：指人们在处理财务方面的行为方式偏好，例如：节约、储蓄、计划等。

文明的行为习惯：文明是指人类所创造的财富的总和，特指精神财富，如文学、艺术、教育、科学等，也指社会发展到较高阶段表现出来的状态。文明的行为习惯，指在日积月累中形成的，与人类文明积累、实践和传承相关的行为方式。

道德习惯：良好的道德行为包括关心他人、合群、合作、诚实、分享、助人、利他、有礼貌、守纪律等特质。道德习惯指这些美好特质作用于人的成长与发展中产生的行为方式总和。

学习习惯：指在学习过程中经过反复练习形成并逐渐发展起来的一种个体需要的自动化学习的行为方式。

## 儿童成长指标

### 生活习惯

☆能在一种安静祥和的气氛中入睡,养成良好的睡眠习惯。

☆5、6个月:能够抱奶瓶自食。

☆11个月:能伸手、伸脚配合穿衣。

☆12个月:在大人的帮助下用杯子喝水。

### 卫生与健康习惯

☆注意养成口腔卫生的习惯,每次喝完奶之后喝几口白开水。

☆学习坐坐便器大小便,培养自理技能。

☆培养大小便坐坐便器的习惯。

### 饮食习惯

☆养成喝白开水的习惯。

☆建立合理的生物钟,形成有规律地进食的习惯。

### 运动习惯

☆乐于在成人的帮助下做一些简单的运动。

### 理财习惯

此年龄段暂不设定儿童成长指标。

### 文明的行为习惯

☆理解自己的奶瓶、玩具等要放在指定的位置。

### 道德习惯

☆喜欢听成人讲各种传统美德题材的故事。

### 学习习惯

☆积极观察、学习成人的行为,并尝试模仿。

☆乐于体验学习中的乐趣。

# 美术领域

美术,指运用一定的物质材料,通过构图、透视、用光等手段,在一定的空间中塑造直接可视的平面形象或立体形象的艺术。

美术领域的教育,指顺应幼儿视觉上的主动选择性,给他们提供充分的视觉资源,发展其审美感知能力和审美想象力。

# 美术

色彩与形状感知

工具和材料

绘画

手工

装饰与美化

美术情绪体验与表达

**色彩与形状感知**：包括对色彩的感知（学习辨认色彩的三要素：色相、色度和色性）和对形状的感知。

**工具和材料**：包括绘画工具与材料，手工工具与材料。

**绘画**：指用各种笔、纸等工具和材料，运用线条、造型、色彩、构图等艺术语言创造视觉形象，从而表达创作者思想、情感的一种活动。

**手工**：使用各种工具和材料，运用剪、撕、贴、折、塑等手段制作出平面或立体的物体形象，从而发展儿童动作的灵活性、协调性，培养其实际操作的能力以及工作的计划性和条理性的一种活动。

**装饰与美化**：从美的形式、规律出发而进行的创作，对幼儿学习与掌握美的形式，培养与抒发幼儿的美感能起到极好的作用。

**美术情绪体验与表达**：感受和欣赏美术作品、自然景物和社会环境中的美好事物，丰富美感经验，培养审美情感、审美评价能力和审美创造力的一种活动。

## 儿童成长指标

### ■ 色彩与形状感知

☆3个月：婴儿能在排除明度干扰的情况下分辨红、黄、蓝、绿四种基本色。

☆5个月：婴儿能够初步感知红色、黄色和蓝色。

☆能够观察颜色在水中的变化。

☆初步感知色彩，促进视觉的发展。锻炼对色彩的敏感度，发展观察力、注意力和视觉跟踪能力。

☆能够初步感知物体的大和小。

☆感受圆形。对有意义的图形感兴趣，例如：人脸等。

### ■ 工具和材料

☆感知画布纸等不同的材料和不同的颜色，产生全新的触觉体验。

### ■ 绘画

☆认识纸、笔等基本绘画工具。

☆喜欢观察色彩明丽的画面。

### ■ 手工

此年龄段暂不设定儿童成长指标。

### ■ 装饰与美化

此年龄段暂不设定儿童成长指标。

### ■ 美术情绪体验与表达

此年龄段暂不设定儿童成长指标。

# 音乐领域

物体规则震动发出的声音称为乐音。用有组织的乐音来表达人们的思想感情、反映现实生活的艺术形式就是音乐。音乐分为声乐和器乐两大部门。在所有的艺术类型中，比较而言，音乐是最抽象的艺术。

音乐领域的教育，是指导幼儿认识表现音乐的各种符号手段，掌握必要的演唱、演奏技巧，引导其感受音乐、使其理解音乐和表现音乐，在精神和心灵方面获得更多有益的东西。

# 音乐

听辨

歌唱

韵律

节奏

乐器

表演

音乐欣赏

听辨：倾听声音，并对声音进行分辨识别。

歌唱：根据学龄前儿童音乐活动的特点，歌唱的表演形式主要有独唱、齐唱、接唱、对唱、领唱齐唱、轮唱、合唱、歌表演。

韵律：幼儿的韵律活动包括所有伴随音乐进行的艺术表演活动。这种活动主要可以分为创造性律动和集体舞蹈两种类型。

节奏：指时值的长短关系、节拍和速度。

乐器：泛指可以用各种方法奏出一定音律或节奏的工具。

表演：指演奏乐曲、上演剧本、朗诵诗词等直接或者借助技术设备以声音、表情、动作的方式公开展现作品。

音乐欣赏：音乐欣赏是怀着欣喜之情反复倾听音乐的活动。欣赏音乐，首先要有参与、理解和欣赏的兴趣和愿望；其次要有感知音乐的乐感，及从中获得积极体验的能力。

## 儿童成长目标

### 听辨

☆2—3天的新生儿就能对不同的音色建立起条件反射,对不同频率的声音也能产生分化反应。

☆5天的新生儿就能辨别声音的位置,听见声音,能完全停止正在进行的动作,表现出听觉集中的状态。

☆0—2.5个月:能从各种声音中区分出人的嗓音,并表现出一定的敏感。

☆1—2个月:聆听各种不同的声音,刺激听觉的发展。(可给婴幼儿播放田园音乐,如轻柔动听的小溪流水声、小鸟叫声等,也可以是滴水声、拍手声等)

☆1—3个月:能持续倾听人声嗓音30秒钟。

☆2—3个月:已经有初步的音乐记忆,并具有初步感受力。成人可以抱着宝宝按旋律、节奏跳舞,但要避免音乐声音过大。

☆3—4个月:喜欢听节奏鲜明的儿歌或歌曲;能够感受音乐的节奏,随着音乐节奏起伏舞动。感受高音和低音。

☆6—8个月:感受多种物品混合在一起发出的声音。

☆6—10月:发展听觉辨别能力的关键期。

☆7—12个月:能够体验不同乐器的声音,模仿简单的演奏动作。用乐器锻炼宝宝的听力。

### 歌唱

☆1—5个月:可以用不同高低、长短、强弱的声音来表达自己不同程度的需要。

☆2.5—4.5个月:能够一张一合更有节奏地哭,而不是单纯的哇哇大哭。

☆5.5—6.5个月:很有兴趣地跟人咿呀学语。

☆5—6个月:能够用咿咿呀呀的方式对其所听见的音乐作出反应。

### 韵律

☆4—6个月:能够表现出明显的乐感。

☆6—8个月:能跟随节奏鲜明的儿歌歌曲转动手腕、扭动身体。

☆12个月:能辨别两个差别很小的音乐间的旋律。

### 节奏

此年龄段暂不设定儿童成长指标。

### 乐器

☆2.5－4个月：对拨浪鼓产生浓厚的兴趣，愿意自己拿着玩。

### 表演

☆11－12个月：能够随着节奏鲜明的音乐自发地手舞足蹈、做动作，并出现咿咿呀呀的独白语言。

### 音乐欣赏

☆7－12个月：喜欢听音乐，对音乐的兴趣和对音乐的感受力增强。

插画：宋雪

## 综合领域

　　综合，指将已有的关于研究对象的各个部分、方面、因素和层次的认识联结起来，形成对研究对象统一、整体的认识，其结果往往能导致新的发现的产生。

　　综合领域的教育，指帮助幼儿获得将已有的关于研究对象各个部分、方面、因素和层次的认识联结起来，形成对研究对象统一、整体的认识的能力，及引出新发现的素质与能力。

## 综合

- 感知
- 探索
- 观察、问题和假设
- 收集并建构知识
- 信息组织与理解
- 问题解决
- 学习品质
- 媒体素养与信息技术

感知：利用感官对物体获得的有意义的印象。

探索：多方寻求答案，以便解决问题。

观察、问题和假设：儿童基于自己的观察，提出问题和假设。

收集并建构知识：在好奇心、情感和理智的促动下，采用的多种多样的方式收集、建构知识，获得相应的内容成果等。

信息组织与理解：在参与意识、有效注意和坚持性的协同作用下，分析有关任务目标、构建信息组织逻辑以及采用归因方式等组织、分析信息。

问题解决：指凭借自己的知识、经验以及个人独特的方法，判断问题是什么，提出解决问题的策略，并促成问题得到解决。

学习品质：是指个体在学习中形成，并在学习活动中表现出来，影响学习效果的稳定的心理倾向或个人特征，包括好奇心、主动性、坚持性、创造性、自信心、想象力等品质。

媒体素养与信息技术：媒体素养，指在各类处境中采纳、理解及创制媒体信息的能力。信息技术，是主要用于管理和处理信息所采用的各种技术的总称。

## 儿童成长指标

### ■ 感知

☆能够使用一个或多个感官感知周围环境中的事物，包括生物和自然现象。

### ■ 探索

☆利用所有感官进行探索，并从环境中学习。

### ■ 观察、问题和假设

此年龄段暂不设定儿童成长指标。

### ■ 收集并建构知识

此年龄段暂不设定儿童成长指标。

### ■ 信息组织与理解

☆从3个月开始，婴儿已经能够形成各种不同的概念范畴。例如，他们已经能够区分动物和家具，也能对这些概念范畴内进行进一步的区分，如能将床和桌子、猫和鸟加以区分。

### ■ 问题解决

☆在婴儿早期（至少在3个月以前），就能够采用启发式搜索的问题解决策略，这种行为地贯穿整个婴儿期。

☆6个月时，婴儿能够进行模仿。

☆12个月前能够利用工具解决问题，并拥有"手段—目的"的分析策略。

### ■ 学习品质

☆对周围的人和事物充满好奇。

### ■ 媒体素养与信息技术

此年龄段暂不设定儿童成长指标。

更多内容，请访问芝兰玉树教育研究院网站（www.zlysedu.org）。

存好心 行好事
说好话 做好人

进阶智慧库，专题推荐

进阶智慧库，专题推荐

# 安静入睡

我们的目标不仅仅是让宝宝睡着和睡得踏实，还要让他们知道睡觉是一件很快乐的事，一种无忧无虑的状态。

——［美］威廉·西尔斯

# 专家观点

## 关注睡眠品质，关爱孩子健康

高质量且充足的睡眠是一切生理机能得以正常运作的保障，是消除疲劳、恢复体力的良方。睡眠充足的人，精神振奋，心情舒畅；睡眠不足的人，精神萎靡，内心烦乱，严重时还会导致很多精神类的疾病，对身体的健康非常不利。如果睡眠严重不足还会导致死亡。对于婴幼儿来说，充足的睡眠除了保证孩子正常的生长发育外，还有助于孩子注意力、记忆力的发展，是影响学习成绩优劣的重要因素。

### 睡眠对孩子生长发育的影响

睡眠对孩子生长发育的影响非常大。在孩子睡眠时，内分泌系统释放的生长激素比平时多3倍。生长激素有助于促进骨骼、肌肉、结缔组织及内脏的生长。而处在青春期以前的孩子，生长激素主要在深睡眠时期分泌，孩子入睡越晚，深睡眠的比例就越少，分泌生长激素的量就越少，就越不利于孩子发育。

### 睡眠对孩子智力的影响

孩子的睡眠是否良好，关系到孩子的智力发展。有研究表明，睡眠好的婴儿智力发育比睡眠质量差的婴儿要好得多。这是因为人在熟睡之后，脑部血液流量明显增加，促进了脑蛋白的合成，帮助智力提升。睡眠对孩子的记忆力、创造力等方面的智力发育起着很重要的作用。另外，如果孩子睡眠好，第二天的精神状态就会很好，就更有利于知识的学习与掌握，有助于取得好的学习成绩。

**睡眠对孩子情绪的影响**

如果缺乏睡眠或睡眠质量不高，孩子极容易烦躁或发脾气，对于还不会说话的婴儿来说，就会以大哭大闹来表达自己的情绪，极不容易哄。孩子由于情绪不好，还极容易产生厌食等情况。对于学龄前的孩子来说，如果因睡眠不良产生不良情绪，则容易出现行为障碍、记忆力减退、活动能力下降等状况。

睡眠与孩子的生长发育、智力、情绪等各方面都有密切的关系，父母要关注孩子睡眠的品质，关爱孩子的健康。

插画：宋雪

# 睡眠环境

## 创造舒适的睡眠环境

成人要迅速地进入睡眠状态，并拥有高质量的睡眠，尚需要有良好的睡眠环境作保障，因此婴幼儿对睡眠环境的要求更高，稍有不适就会影响其睡眠质量。为了让孩子拥有高品质的睡眠，父母需给孩子提供舒适的睡眠环境。

## 合适的室内温度和湿度

孩子房间的温度不要过高，也不要过低，最好保持在 20－21℃ 之间。最主要的是室内的温度要保持恒定，过大幅度的温度变化，会对孩子的睡眠产生影响。除了房间温度需适宜外，室内的湿度也很重要。对于北方的大部分家庭来说，室内普遍偏干燥，父母不妨给孩子房间准备一个可以调节湿度的加湿器。对于南方的大部分家庭来说，室内湿度普遍偏高，父母要注意给孩子选择一个向阳的、通风的房间，还要注意经常晾晒孩子的被褥等。

## 清新的室内空气

孩子在清新的空气中更容易安睡。如果空气太过于污浊，或有刺激性的气味，孩子幼小的呼吸道就有可能受到刺激，感觉不舒服而难以入睡。因此父母要保持孩子房间的空气清新。绝对不能在孩子的房间抽烟，不要在孩子的房间使用空气清新剂，另外，喷洒了过浓香水的人也不宜近距离接近孩子。

### 材质、薄厚舒适的被褥

没有什么比睡在不舒服的被褥里更糟糕了，大人一定有过因被褥的薄厚不适半夜被冻醒或者热醒的经历。是的，那样的感觉孩子也一样不喜欢。父母要为孩子准备薄厚合适的被褥。被褥的厚薄要随着温度的变化随时进行调整。另外，父母需尽可能保证孩子睡觉的被褥，甚至是尿不湿都不会让孩子产生不舒服的感觉，不会对孩子的皮肤产生影响，不要影响孩子的睡眠。

### 安静的环境

每个人都希望自己能在一个安静的环境中入睡，孩子更是如此。当然，这里提到的安静的环境，并不是指绝对的安静，孩子在绝对安静的环境中也很难入睡。有研究表明，鱼缸里的冒泡声，钟表的滴答声，妈妈的心跳声，以及瀑布和海洋的声音更有利于孩子安睡。

## 选择合适的睡前音乐

音乐有调节大脑皮层兴奋力，改善情绪的作用。由于音乐的频率、节奏和有规律的声波震动会直接影响到人的脑电波、心率、呼吸等的节奏，所以用音乐来帮宝宝进入睡眠是不错的选择。

给宝宝听的睡眠音乐一定要选择轻柔、舒缓的音乐。宝宝在听到这样的音乐后，会调节机体的中枢神经系统，让大脑尽快进入睡眠状态。这里需要注意的是，由于宝宝的睡眠方式与成人不同，不能够很快地从清醒状态直接进入深层睡眠，而是需要经过一段时间的浅层睡眠后，慢慢地进入深层睡眠，因此父母要特别注意控制音乐播放的音量与时间。

科学研究表明，人在不同的状态下脑电波所处的波段也不同，在人从准备睡觉到入睡、深睡的过程会经历三个波段。如果父母在宝宝入睡后，仍持续播放音乐，则干扰了宝宝脑电波的调整，影响睡眠。那么，如何控制给宝宝播放音乐的时间呢？父母只需在宝宝入睡前半小时开始播放音乐，等他入睡大约20分钟后停止音乐播放即可。

当然，像手机、电脑、CD、MP3等电子类产品播放的声音都或多或少的会有噪音的存在，不利于宝宝进入良好的睡眠状态。爸爸妈妈的哼唱声是最好的睡眠音乐，有条件的话，父母不妨为宝宝献歌一曲，哪怕只是毫无意义的哼唱，再配上轻柔的抚摸，宝宝一定会很快进入甜美的梦乡。

## 睡前故事为孩子助眠

睡前给孩子讲故事有助于帮助其尽快入睡，还能起到帮助孩子养成阅读的习惯，同时还能刺激孩子语言的发展。但是讲故事可不是件简单的事情，选择什么样的故事，怎样讲故事都是有很多学问的。

父母要知道，并不是所有的故事都能引起孩子的兴趣，爸妈要根据孩子的年龄和性格来选择不同内容的故事。通常给2—3岁的孩子讲些有关小动物的故事比较适合，故事要尽量简短，动物形象要生动，情节要简单。4—5岁，正是孩子想象力发展的时期，这时候，爸妈就可以给他讲些童话故事、神话故事或者科幻故事，故事的形象可以丰富一些，内容中的词汇量也可以逐步增加。等孩子再长大些，就可以讲历史人物和寓言故事了，这些故事多富有哲理，是启蒙儿童思维和语言的好材料。

给孩子讲故事还需注意语气和语调，用词要尽可能生动，多用象声字，必要时还可以使用肢体语言，不过要注意动作的幅度不宜过大，讲故事的声音要逐渐地轻柔。因为这毕竟是睡前故事，需要让孩子听完故事后能够安静入睡。

父母在讲故事的时候还要注意观察孩子，如果孩子的呼吸变得均匀，逐渐进入睡眠状态，就要停止故事的讲解，轻轻地给孩子盖好被子，然后关灯，退出孩子的房间，记得要给孩子关好房门哦！

# 睡眠习惯

## 该不该和孩子一起睡

很多妈妈不愿意和孩子一起睡，因为一方面她们担心长时间和孩子一起睡觉会让他们养成习惯，以致于不能自己独自睡觉；另一方面也担心会没有自己的私人空间，不能和丈夫独处，影响夫妻间的关系。

父母与孩子共睡确实存在很多问题。但是，亲子共睡却是一种可以让孩子更快入睡，睡得更好的睡眠方式，而且这种睡眠方式对于母乳喂养的妈妈来说，半夜醒来喂孩子吃奶会更方便。对于婴儿来说，他们不会用语言来表达自己的意愿，饿了、冷了、大小便了等只能通过哭来表达。如果妈妈能睡在婴儿的身边，孩子感到不舒服时的一个扭动，妈妈都能感觉得到，能在最短的时间内帮孩子解决问题，带给孩子很大的安全感。

有的人可能会担心孩子频繁的夜醒，会影响妈妈的睡眠。但是，长时间和孩子共睡的妈妈，会在孩子发出需求信号的第一时间察觉，并帮孩子解决问题，更容易再次哄孩子入睡，所以尽管牺牲了睡眠质量，但孩子能得以更好的照顾。

为了让孩子做好分床睡的准备，父母在陪孩子看动画片的时候，看到动画片中主人公的小床、小房间等，可以引导孩子说说自己想不想也有一张那样的小床，想不想也有一个那样的小房间。还可以常带孩子去家居商场看看儿童床，参观一下其他小朋友的儿童房等，然后按孩子的意愿为其准备儿童房与儿童床。孩子可能喜欢自己的房间，但是更喜欢和妈妈一起睡，希望妈妈和自己一起在儿童房睡觉，这时父母需要在孩子入睡前多陪陪孩子，给孩子讲讲故事，陪孩子玩会儿游戏等，还要注意多亲吻和拥抱孩子。

## 摇晃孩子入睡好不好

为了让孩子能够尽快进入梦乡，许多父母会选择把孩子抱在怀里，通过摇晃的方法哄孩子入睡。孩子哭得越厉害，摇晃得就越大劲儿。还有些父母会把孩子放在摇篮里摇晃。这种方法在传统的育儿方式中特别常见，但是这种做法却存在着不容忽视的潜在危害。

孩子的大脑在婴儿时期还没有发育完善，在受到大人的猛烈摇晃时，颅骨腔内的大脑也在不断地晃荡，且不断地与颅骨相撞，特别容易造成脑部小血管的破裂。情况严重的可能会导致脑水肿、脑疝而致死；即使没导致死亡，也可能使孩子智力低下或肢体瘫痪等。此外，猛烈摇晃还容易使孩子的视网膜受到影响，导致失明或弱视。

因此父母要特别注意，千万不要随意摇晃婴儿，企图以猛烈摇晃的方法制止婴儿哭闹，让其赶快入睡。这种做法是不正确的。

## 睡出美丽脸蛋

"孩子的容貌是由遗传决定的"，这种说法没有错。可是，很多人不一定了解，孩子的容貌还与婴儿时期的睡姿有关系。由于孩子在出生后的前三个月内，头骨尚未完全骨化，具有相当大的可塑性，而孩子在这段时期对睡眠的需求量大，大部分时间都是在睡眠中度过，所以这段时期父母需要注重对孩子睡姿的调整，从而对孩子的脸型与头型进行改善，及早地为塑造孩子美丽的脸蛋做准备。

父母需要根据孩子的脸型来为孩子选择合适的睡姿。天生脸型较大，圆而扁平的孩子，父母最好为其选择侧睡或者趴睡的方式，因为仰睡的方式容易使孩子的脸越大越圆，还容易造成后脑勺不对称，成为偏头。不过仰睡也有好的一面，即由于仰睡能使面部肌肉处于最佳松弛的状态，血液循环不受任何干扰，面部皮肤能得到充分的氧气与养分的供给，较容易睡出白嫩而细腻的皮肤。如果孩子的脸窄而长，且颧骨较高的话，父母就要多让孩子尝试仰卧的睡姿，使孩子的脸较圆润一些。

为了避免孩子睡出"招风耳"，父母需注意不能让其长期仰卧。当孩子睡觉时，妈妈一定要先将他们的耳朵往后抚平。为了孩子牙齿的美观，最好不要让其养成含着奶嘴睡觉的习惯，否则，时间一长，孩子下颌会习惯性前伸，上下腭齿列（颌骨）处产生移位，对孩子的形象造成影响。

## 宝宝夜啼的原因

我们不能要求宝宝像大人一样，一觉睡到天亮。宝宝的睡眠周期比成人的短，月龄较小的宝宝，睡眠周期就更短了，因此夜间醒来的次数就会更多。宝宝夜醒有其特殊的生理原因，但是也与一些其他的因素有关。宝宝夜醒太频繁，不仅会由于睡眠不足影响生长发育，还会影响父母、家人的休息，从而影响其正常的工作与生活。当宝宝发生夜啼时，妈妈们不必紧张，需要细心地观察。

**饥饿**：宝宝的胃容量相当小，所以其饮食习惯为少食多餐型，宝宝每天晚上都需要3—4次的食物补充，有些时候可能会更多。如果宝宝夜里哭醒，父母要考虑他们是不是饿了。

**大小便**：宝宝会因大小便了，感到不舒服而哭醒。父母在宝宝哭醒后，首先检查宝宝是不是弄脏尿布了。

**环境问题**：太冷和太热都不利于宝宝有个安稳的睡眠，父母要注意控制好室内的温度，以及宝宝被子的厚度。特别注意冬天不要让宝宝睡电热毯，夏天不要让宝宝睡在温度太低的空调房里。

**肠道问题**：功能性的肠绞痛在婴儿中也不少见。当发作时，宝宝常常是突然啼哭，怎么哄也不行，哭过一阵后才睡去。这时最好让宝宝俯卧，轻轻地从上往下抚摸宝宝的后背。等宝宝长大一些后这个问题自然会好。

**缺钙**：血钙下降可使宝宝的神经肌肉兴奋性增高、易激惹，夜间或睡眠时稍有惊吓便啼哭不止，同时会伴有多汗、枕秃等问题，应请教医生处理。

**分离焦虑**：宝宝与父母分开睡会产生分离焦虑，因此睡不踏实，常常醒来。婴儿时期，妈妈最好不要让宝宝单独睡一张床或一个房间。

# 睡眠时间

## 宝宝该睡多长时间

许多妈妈会为宝宝的睡眠问题而困扰,有的妈妈担心宝宝是否睡得太多,还特意把宝宝叫醒喂奶、大小便,出去活动活动等;有的妈妈则苦于宝宝睡眠较少,需要大人花费大量的时间照顾,最后连她自己的睡眠都成了问题。那么,宝宝到底睡多长时间才正常呢?

通常,在宝宝六个月之前,每天的睡眠时间是14—18小时,夜醒在2—3次之间,这个阶段的宝宝需要大量的睡眠,一天中的大部分时间是睡着的;3—6个月时,宝宝睡眠的时间会逐渐地减少,醒着活动的时间增加了,这时,一般每天睡14—16个小时就够了;6个月到2岁时,宝宝的睡眠已经减少到12—14个小时了;6—12个月的宝宝已经能够逐渐地感知白天和黑夜了,夜醒只有1—2次;1—2岁的宝宝一夜基本上只醒一次,2—5岁的宝宝每天所需的睡眠时间为12—14个小时,白天需要一次睡眠补充。

如果宝宝睡眠时间比婴儿正常所需睡眠时间的平均水平低,父母也不必因担心宝宝睡眠太少,而强迫宝宝入睡。只要宝宝白天表现得较为有精神,不哭闹,晚上睡觉也较安稳就行,因为这说明宝宝已经拥有了足够的睡眠,能够保证身体所需,睡眠较少,可能只是宝宝个人体质的原因。但如果宝宝睡眠时间较少,白天看起来非常疲惫，情绪还很暴躁，常哭闹，且夜醒次数较多的话，父母就需要关注宝宝的睡眠了。当然，不能仅仅靠不断地哄睡来解决问题，而应该找到宝宝频繁夜醒、睡眠不好的真正原因，如果需要的话还应该找医生协助治疗。当然，为宝宝创造利于睡眠的环境也是解决宝宝频繁夜醒的良方。

如果宝宝的睡眠时间过长，父母也不要担心，因为宝宝通常需要大量的睡眠。月龄较小的宝宝一天中大部分时间都是睡着的，宝宝的睡眠时间将随着月龄的增加逐渐减少，只要宝宝的睡眠时间是在逐渐减少，而不是增加或不变，就不必担心。另外，如果宝宝只是在近段时间睡眠才增多，则有可能是白天活动量太大，身体过于疲惫所致。感冒也可能导致宝宝的睡眠增多。如果宝宝只是睡眠多，不影响其他的活动，父母就不必太担心。

## 让宝宝享受午睡

宝宝在两岁之前一般睡眠比较多，白天晚上都有睡眠补充。到了两岁之后，宝宝晚上的睡眠时间缩短，白天的活动量也比原来大了很多。足够的睡眠才能使宝宝精力充沛，食欲旺盛，才有利于宝宝的身体发育，众所周知生长激素大多是在人类处于深睡眠状态的时候分泌的，所以当宝宝已经活动了一上午，中午如果没有得到一定的休息，就会影响到下午的活动。因此，午睡对于宝宝来说，是必不可少的。

但是，如果宝宝没有午睡的意愿，父母也不应该强迫他们去午睡，这样会让他们产生反感的情绪，只要保证宝宝每天能够有足够的睡眠时间就好。另外宝宝没有午睡的意愿还与父母给他们养成的不良睡眠习惯有关系，宝宝可能早上赖床，或者有下午睡觉的习惯等，父母需要调整宝宝的睡眠习惯。

## 宝宝认生了

我的生命是从睁开眼睛,爱上我母亲的面孔开始的。

——［英］乔治·艾略特

# 专家观点

## 认生是孩子成长的必经阶段

"认生"是孩子从自然人开始逐步社会化的一种表现。对于0—8个月的孩子来说,无论是爸爸妈妈还是陌生人,只要是看不到的人就是不存在的。他们没有熟悉和陌生的概念,自然也不存在"认生"的情况。8—12个月左右,随着自我意识的萌生,孩子能够从长相、声音等特征中将其他的人与他们的"联系人"区分开来。此时,孩子开始建立起"亲疏"的概念,并且对那些自己不熟悉的人有所抗拒,在他们面前表现出警惕、回避、退缩,甚至哭闹、挣扎,迫不及待地希望逃离他们,投入妈妈的怀抱,寻求慰藉。

"认生"是大自然为人类安排的重要的自我防御机制。每一个人的成长都是自己内心世界逐步扩大和平衡的过程。孩子在能够感觉到自己的身体后,会自发支配身体,开启探索世界、创造自我的行程。他们的活动范围扩大,能感知的世界也在慢慢扩大,遇到的"陌生人"也会越来越多。像成人一样,这个阶段的孩子遇到陌生人也会保持一定的心理距离,具体体现为孩子对未知事物本能的恐惧,以及由此引发的退缩、哭闹等。从另一个角度讲,这也是一种自我保护机制。他们就是在无数次内心世界的失衡(恐惧陌生事物)——启动自我防御(退缩、哭闹)——平衡(在妈妈怀里平复情绪)的练习后,逐渐对陌生的环境和事物"脱敏",从而能更快地融入环境,更好地去开阔自己的世界。

在"认生"的过程中,还能增强孩子的观察力和识别力。生活中,我们常会遇到这样的场景:家里来了客人,孩子躲在妈妈的身后探出头来观望;可是,当客人走近他们,试图和他们一起玩耍时,他们又会拒绝,马上往父母怀里躲。不难看出,就像成人面对陌生与未知的事物一样,面对陌生人孩子通常既害怕又好奇,既期待又恐惧。正是在这样的过程中,逐步激发了孩子探索未知的动力,在探索的过程中,他们发现这个叔叔很爱笑,这位阿姨很友好,这位爷爷有长长的胡须等,从而发展了孩子的观察力和识别力。

"认生"是每个孩子成长的必经过程,这对孩子的健康成长,以及将来能否拥有幸福的生活,具有非常重要的意义。

插画:宋雪

进阶智慧库，专题推荐

# 正确看待孩子认生

## 孩子完全不认生好吗

孩子过于"认生"父母会担心。但是，如果在孩子的成长过程中，一直没有"认生期"的出现，就一定好吗？这个问题不能一概而论。"认生"是孩子成长的必经过程，是孩子身心发育到一定程度的表现，同时也是一种自我保护机制。如果孩子一两岁的时候，对他人没有亲疏差别，谁抱都可以，对母亲没有特别的依恋与亲昵，甚至好像很不在乎，那么，这很有可能是孩子和母亲之间没有建立起良好的依恋关系。

但是，也有一些孩子会被父母认为是"不认生"的。这类孩子和前面提到的没有亲疏差别不同，在他们的世界里，是有稳定的"联系人"存在的，他们会对母亲或者其他主要抚养人表现得更为亲密、依恋，这些人不在的时候也会找他们。但是，面对陌生人的时候，孩子虽然保持一定距离，但是并没有表现得躲躲藏藏，或者害怕退缩，而是落落大方。当父母让他们喊"叔叔、阿姨"的时候，他们也能大方地喊。

这样的孩子可能生性比较开朗、外向，对陌生、新奇事物的好奇大过于恐惧心理，探索外界未知事物驱动力比较强。这类孩子与那些过度怕生的孩子相比较，早期会拥有更多接受"外界丰富刺激"的体验。另外，孩子对妈妈的依恋程度也很大程度地影响到了孩子对陌生人的反应。一个安全型依恋的孩子,内心比较稳定、和谐,所以,在陌生人和陌生环境里,也更容易表现得落落大方。

另外,需要提醒父母注意的是,在不认生的孩子当中,需要甄别患自闭症的孩子。由于患自闭症,这些孩子不能正常与妈妈进行互动,也无法正常地认识世界。由于严重缺乏社会性,对其他人的认识不足,孩子就不知道认生。另外,智力水平低下的孩子脑部发育迟缓,尚未达到自然区分妈妈和其他人的程度,所以认生情况有的出现得比较晚,有的程度表现得比较轻。

因此,判断孩子认生性质的好坏,有一个小窍门,就是要体察孩子是否具有"亲疏"的概念,在他们的生命中,是否有"亲密的人"和"陌生人"的区别。

## 什么样的孩子更容易认生

认生是孩子成长过程中一种自然而正常的现象。但是,由于每个孩子先天气质类型、成长环境、父母养育方式不同,孩子认生的程度以及持续时间也会不同。

### 具有"害羞基因"的孩子易认生

美国斯坦福大学的心理学家约翰·加伯瑞里研究发现,害羞与基因有关。害羞的人中有1—2个人的基因比较短。这些基因和大脑中一种能影响人的焦虑及抑郁情绪的激素——血清素化合物的分泌有关。所以,很多时候,父母双方,或者是有一方性格比较害羞,孩子在认生期也更容易表现出怕生、退缩、胆怯等现象。

### 被贴上"怕生"标签的孩子易认生

有些父母由于不了解儿童成长规律,所以,他们并没有以顺其自然的态度对待孩子的认生,而是从心里给孩子下了定义,并把这样的信息传达给孩子。比如,当孩子见到陌生人表现出害怕、退缩的时候,父母就会说:"你看看,我们家这孩子就胆小。"这无形中便传递给孩子一种信息,即"我是胆小的、懦弱的"。这样的心理暗示会让孩子更加认生。

### 目睹了父母胆怯退缩的孩子,易认生

如果孩子过于认生,做父母的应该检视自己,是不是在和陌生人相处的时候,

有退缩的表现。孩子具有超强的模仿能力，而父母则是他们最佳的模仿对象。父母对人对事的态度，被孩子目睹后，常常内化为自己的态度和行为方式。因此，过于害羞，不见得是孩子的问题，而很可能是父母的问题。

### 被强迫"练胆量"的孩子易认生

一些父母会觉得胆量和勇气是"练"出来的，因此当孩子对陌生人出现抵触情绪时，他们会强迫孩子和陌生人接触。可是他们不知道，经常被父母"强塞"给陌生人"练胆"，只会让孩子更加没有安全感，甚至对父母是否爱自己产生怀疑。父母的这种"良苦用心"不能被孩子接纳，反而会让他们觉得自己被遗弃，不但对缓解"认生"没有实质性的帮助，长此以往还会使他们对父母产生信任危机，更严重的甚至会影响到他们今后自信心和安全感的建立。

插画：宋雪

# 孩子认生怎么办

## 培养孩子不认生的小训练

### 训练一：树立小榜样

在孩子认生期间，父母应该尽量为孩子创造更多外出活动的机会，陪他们一起去探索未知，比如可以带着孩子去一些他们比较喜欢的地方，让他们多与同龄的小朋友接触，鼓励他们彼此交流玩耍。另外，也可以有意识地让孩子接触一些"胆大"的孩子。小伙伴之间是会互相模仿的，如果孩子发现别的小朋友在某个陌生人面前不但不害怕，还很大方，也会激发他们与陌生人多交往、多接触的勇气。不过，需要注意的是，每个孩子的情况不同，所以，每个孩子表现的认生程度也不同。因此，当父母发现别的孩子更大胆、大方的时候，不要拿其与自己的孩子进行比较。

父母的榜样作用也是无穷的。为了让孩子能够敢于、乐于与陌生人接触，父母与孩子在一起的时候，要时刻抓住身边的机会，给孩子做出榜样。例如，当有客人到家里时，当在外面迷失方向，需要问路时等，父母都应做出表率，主动热情地招待客人和向陌生人问路。

### 训练二：游戏是个好方法

对于一些因为特殊经历而认生的孩子，爸爸妈妈可以通过游戏的神奇力量来解开他们这个"认生的情结"。比如，孩子曾经被带到医院,让一个穿着白大褂的人扎了一针,疼痛失落的他们就可能从此对医院和"长得很像医生"的人非常恐惧。父母要能及时敏锐地捕捉到孩子这种处在弱势的无力感。父母可以在家里和孩子一起玩打针的游戏,在游戏中,父母尽量选择扮演病人,让孩子来演医生,让"医生"给"病人"打针。在游戏的过程中,父母可以通过各种夸张的表情来表达自己对打针的恐惧。孩子可能会被你搞怪的表情逗得捧腹大笑,与此同时也会在游戏中逐渐消除对打针的恐惧。

对于那些天生比较内向,不善交际的孩子,父母还可以与孩子一起玩"我家来客人了"等角色扮演游戏,让孩子通过游戏锻炼自己的社交能力。

## 抓住认生期,建立安全依恋

与孩子建立起良好的依恋关系,是帮助孩子度过认生期的最佳法宝,而在这个阶段的依恋关系应如何建立,需要父母格外用心。

父母在心理上要真正地接纳孩子认生的状态。千万不要认为"认生""害羞""退缩"是不好的。要注意到,在这个过程中,孩子正用他们细腻的情感、敏锐的观察力探索着周遭的一切,并在好奇中尝试着与新事物不断接触、靠近。因此,在这个阶段,父母在为孩子创造更多户外活动以及接触陌生人的机会的同时,要多站在孩子的立场和他们一起承担对陌生世界的恐惧,分担他们的焦虑情绪。父母与孩子交流时,应该更多扮演"配合者"的角色。当孩子一直倔强地对陌生人说"不"的时候,妈妈应该顺应孩子的需求,给予一定的空间、时间,而不是一直把自己的意念强加给孩子,强迫孩子与陌生人亲近。

要想更好地建立起依恋关系,父母一切行动的标准就是:用孩子对爱的定义去表达出自己对他们的爱。父母要对自己与孩子交流的信号进行准确的识别,同时要悉心翻译成孩子能理解的语言传达给他们,为他们提供一个恒定不变的"爱的磁场",让他们在恐惧的时候意识到父母和自己在一起,可以帮助自己承担痛苦,和自己一起成长。

父母可以有意识地带孩子多参加一些活动,接触一些人,在这个过程中,孩子一旦有良好表现，要及时地鼓励赞赏。慢慢地，孩子尝到甜头就会越来越想改变自己了。

特别提醒：要想让孩子成长，最关键的是父母要自我成长。如果您是一位害羞的妈妈或爸爸，那么也要在自我接纳的基础上不断增强自己的勇气，孩子一定会在您自我成长的过程中与您共同成长。

插画：宋雪

# 关于认生的小疑问

## 母子分离，影响亲子依恋

如果孩子在认生期与一直照顾自己的妈妈分开，此时，孩子会有比较强的分离焦虑，很可能会哭闹，找妈妈。如果孩子和代养者也很熟悉、亲昵，那么情况会好很多。如果之前孩子与代养者并不熟悉，那么，就需要代养者花更多的心思，给予孩子更多的爱。孩子随着与代养者亲密关系的逐渐建立，也逐渐地把代养者当作了妈妈，反而等再见到妈妈的时候，会出现"认生"现象。

现在社会给年轻父母的压力越来越大，无论在时间上还是空间上都可能对父母与孩子之间亲密关系的建立产生限制。多数父母会在不得已的情况下，选择与孩子分离，把孩子托付给其他代养者，等到时间、空间允许的情况下，再与孩子相聚。殊不知，这种亲子间的分离，对孩子建立安全依恋非常不利，很容易让孩子与父母生疏。当然，如果父母处理得当，可以减轻这种生疏感。

在与孩子分开的这段时间，不要忘记与孩子定时地进行沟通，无论是打电话还是见面，都尽量保持一个固定的频率。另外，代养者的教育也很重要，代养者要时时刻刻在孩子的耳边提起孩子的父母。例如，在喂孩子吃奶的时候，可以告诉孩子这奶粉是妈妈买的；当孩子画画的时候，让孩子画张画送给父母等，让孩子觉得自己的父母就在身边，父母对自己的关爱也是随时随地的。

## 孩子何时开始认生

如果孩子对他们所熟悉的人与对陌生人有了明显的区别反应：当亲近的人与他们接触时，孩子有明显的身体接近、依偎和跟随行为，表现出较安全、积极的情绪；而当陌生人与他们靠近时，孩子表现出恐惧、焦虑的情绪，身体上抗拒亲近，并大声哭闹等。这都说明您的孩子开始"认生了"。

一般来说，孩子8个月的时候开始进入认生期。但是并不是每个孩子都是这样，有的孩子在5个月左右就开始认生了，而有的孩子会延缓到10个月才出现"认生"的征兆。孩子认生期的出现与孩子的心理发育、观察力和识别力的发展成熟程度有很大的关系。当孩子的观察力和识别力发展到可以区分熟悉面孔和陌生面孔时，认生期也就顺理成章地出现了。而这些能力的发展程度，既与孩子先天因素有关，也与后天的环境和教育有关。

## 认生期孩子需要更多的关爱

认生期也是孩子开始独立的标志。在孩子成长的过程中，爸爸妈妈应该给予他们足够的爱，让他们知道爸爸妈妈是可以依靠的。同时，在孩子认生期里，爸爸妈妈更多的应该是鼓励他们去学会信任别人，学会在陌生的世界里自我探索。

因此，在小孩子没有表达出自己需要爱的抱抱的时候，爸爸妈妈尽量不要给予他们过多的亲昵与拥抱，而是应该放手，让他们自己通过探索，建立起对周围事物的信任。但是，当小孩子对陌生人表现出排斥，强烈要求爸爸妈妈爱的回应时，爸爸妈妈就可以把之前"积攒"下来的爱加倍地表达出来，及时地给孩子积极的回应，让他们知道爸爸妈妈一直都陪着他们，他们勇敢的时候可以自己一个人出去探索；他们害怕、恐惧的时候，爸爸妈妈的怀抱依然是他们温暖的避风港，帮孩子把恐惧和危险隔在外面，留给他们温暖和爱。

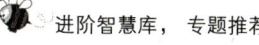 进阶智慧库，专题推荐

# 宝贝学说话

每一个能学会说话的孩子都不是笨孩子，只要给予他学说话那样的同样的环境和教育条件，他就能学到人类可以掌握的一切知识，充分发挥出他们的聪明才智来。

——［日］铃木镇一

# 专家观点

## 幼儿学说话需重视

多数父母认为，只要幼儿先天语言功能正常，在正常的语言萌芽期开始学说话，学会说话，就不必再操心。大多数父母偏重对幼儿的智力、艺术能力等方面的培养，在语言能力的培养方面，往往会更注重第二语言的学习，而忽视了对幼儿母语的训练。

然而，熟练掌握和运用一门语言，并不是简单地认识几个单词，能进行基本的交流，就可以了。马克思曾经这样描述过语言的重要性："语言是思维的工具。"良好的语言素养，特别是对构词方法、语法结构、词义细节、搭配关系等的清晰认

识，对于幼儿以后的学习、交往，以及长大成人后进入社会工作都有着非常重要的作用。他们说出来的话是否准确、明了，造的句子是否通顺、流畅，表达方式是否生动、灵活等，都是语言能力的外在体现。

语言是人际沟通的工具。人类的进步得益于语言的发明，语言可以让人与人之间的距离更近，沟通无障碍。语言能力欠缺的人，在与他人进行沟通时会出现沟通障碍，不能清楚地把自己的想法表达出来，也难以理解他人语言中要表达的意思，这些都有可能直接导致事情不能顺利完成。语言能力不只在于"会说话"，还在于"说好话"。良好的语言艺术行为会

增强人与人之间的情感交流,营造愉悦、融洽的沟通、交流氛围。语言能力是否良好,直接影响到幼儿智力、艺术能力的发展。例如,一个语言理解能力有限的幼儿,在解决问题的时候往往不能清楚地理解题意,回答问题时常跑题;同样,语言理解能力有限的幼儿,在艺术能力发展中也会遭遇瓶颈。艺术与语言分不开,语言本身就是一门艺术。在艺术中经常用到的镜头语言、肢体语言、舞台语言无一不与语言有着密切的关系。

幼儿时期是人类语言学习的最佳时期,是语言能力发展最快的时期。父母们不必急于对幼儿进行多种语言的教育,而应把幼儿的母语学习作为重点,让幼儿的语言能力在实际的语言交流中发展得更好,让幼儿能灵活、精通地掌握母语。父母们要抓住幼儿语言能力培养的关键期,着重培养幼儿的语言能力,为幼儿智力、艺术等方面能力的发展打下良好的基础。

**插画:宋雪**

# 宝宝语言能力的发展

## 宝宝发音的一般顺序

研究表明,即使刚出生几天的新生儿对语言的反应也要比对其他声响的反应更为敏感,他们能分辨不同人的说话声音。那么,宝宝的听音、发音机能是如何发展的呢?

### 简单发音阶段(0—3个月)

宝宝一出生就开始发出声音,最初是哭声,可能表示饿了、病了或不舒服等,同时,也会发出轻柔的声音,如"咕咕"声表示兴奋和满足。3个月时会发出一些元音,如"a、ai、e、ou"和少量辅音"m、h"。

### 连续音节阶段(4—8个月)

3个月开始,宝宝会发的辅音增加,如"m、b、k、g、p",或发出咯咯的笑声,并出现重复的连续音节,例如:"ma—ma,ba—ba",其实这并不代表他们已经会叫爸妈,而是前语言阶段的发音现象。

5个月时,宝宝可能会发出叫喊声。开始试着连发不同的音,并试图发出元音。

6个月时,宝宝能听到大部分各种大小不同的声音,并能清楚地分辨它们。能含糊地说出连续的元音和辅音,听上去他们的说话方式基本接近成人。

7个月时,宝宝在熟悉的环境里不断

进阶智慧库，专题推荐

地咿呀学语，在陌生的环境里通常则保持沉默，对反映句子连接的音的起点和停顿很敏感，会对着熟悉的玩具或事物发声，以表达自己的痛苦或快乐之情。他们不断地对声音做出反应，无论是人的声音还是音乐声，并将重复自己最初发出的音节来变成双音节，如："妈妈、爸爸"。在这阶段，他们还会接着说出表达感叹语气的爆破音，如："唉"。

8个月时，宝宝试着发出越来越多的连音，能理解1－2个词汇的意思。宝宝继续咿呀学语，同时知道怎样故意喊叫能引起别人的注意。当有人在一起说话时，要是他们在旁边，无论说些什么，他们都会仔细地听着，同时观察他人做出的反应。他们的咿呀学语可能变得非常悦耳动听。当成人为他们哼唱一支童谣时，宝宝会试图进行模仿。

## 学话萌芽阶段（9－12个月）

宝宝学会了发更多的声音和不同音节的连续发音，能模仿成人并学习新的发音，还会变换音调。他们能将有些发音和具体事物的相联系。

9个月时，宝宝开始发出像句子一样连贯的音节，发出的元音听上去像是词汇。宝宝的语言明显变得更为复杂，因为他们言谈中开始加入他们所知道的音节。因此，他会借用成人说话时所用的升调和降调说："妈妈?"、"啊?"等。一旦孩子开始发出类似这样的声音，专业上称作隐语表达，成人就应该知道——他就要开始说话了。

10个月的宝宝开始学会对身边不同的人采用不同的语调说话，经常对父母或感觉更亲近的人使用更高的语调。

通常从11个月起，宝宝开始说出真正的词，一般是名词。在这段时间的某一天，宝宝也许会说出第一句"真正"的话。最初蹦出的那几句话纯属生理现象，而不是运用智力把实物和语言结合的产物。宝宝所选择的那几个词语必定是对他们至关重要的东西的名称，如："妈妈、爸爸、奶、杯子、球"等。

一般来说，宝宝12个月能说2－3个词，有些宝宝甚至说得更多，常常自己主观地归纳词汇，如看到所有四条腿的动物都叫"小狗"。

### 口语萌芽期（1—2岁）

随着生活范围的日益扩大，宝宝新的经验愈来愈多，他们的语言能力亦慢慢增强，此阶段宝宝开始会叫爸爸、妈妈等诸如此类的双叠字，但大多为名词。父母对此阶段的宝宝说话时，应尽量放慢速度，说得清楚，使其听得也清楚。

### 主体语法掌握期（2—3岁）

2岁以上的宝宝，因其生活经验、认知能力愈来愈丰富，已渐渐具有语言交谈的能力。此阶段宝宝开始会运用动词，甚至形容词组成的短句来表达，另外，亦会去模仿大人的语言来描述他们的体验。2—3岁是宝宝语言发展的关键期，他们通常会很好奇地发问："这是什么？那是什么？"……此时父母应不厌其烦地给予解答，以适时地刺激宝宝语言发展。

3岁之后，宝宝能够流利地说话，会使用非常丰富的词类，并能从成人的言谈中发现语法关系，修正自己暂时错误的语法，逐渐形成真正的语言。这时父母可以丰富宝宝的语言环境，让宝宝学习外语，拓展其的语言能力。

### 温馨提示

宝宝会说话的时间因人而异，和其他发育项目一样，宝宝会说话的时间也是有个体差异的。有的宝宝早在9个月时就会说话，而有的宝宝要到2岁才会说话，一般来说会说话的平均年龄是14个月。只要宝宝的语言发育能力符合不同月龄的标准，父母就不用太担心。大部分宝宝在1岁时已经了解不少词的意思，他们懂得的词要比会说的词多得多。

不会讲并不代表听不懂，小宝宝对音调的理解超过对词的理解，但理解力和表达力同步要到1岁半。宝宝是通过"听"来学说话的，在宝宝能说出有意义的话之前，其实已经能懂得不少大人们说话的内容。宝宝无法全部明白大人所说的话里每一个词的意思，但却能根据大人说话的语气和音调，知道是在表扬他还是在批评他。对月龄小的宝宝来说，对音调表达出的情绪的理解和掌握超过了对词的理解。因为音调是有规律可循的，为引起宝宝兴趣时，我们的音调常常是上升的；当安慰宝宝时，音调是下滑的。

一般来说，宝宝从9个月就开始获得语义，也就是说开始理解大人们说的一些话。到1岁时，宝宝对语言的理解和表达能力开始互相关联起来了。1岁半之后，语言理解和表达能力达到同步，能说出他们想说的话，表达日益顺畅起来。

插画：宋雪

# 发展语言能力策略

## 给宝宝创造说话的机会和环境

在宝宝说话时,父母要认真地听和看,并且最好能做到马上回应他们。与宝宝主动交流时要注意表情尽量丰富,语调尽量夸张,以激起宝宝说话的兴趣,鼓励宝宝接着"说"。

最为简单,也是最为有效的训练宝宝说话的方法就是"复述"。这种方法没有时间和地点的限制,无论什么时候,都可以对宝宝进行训练。具体的操作方法可以是这样的:父母先对宝宝说一句话,然后让宝宝来复述。开始时可从最简单的句子说起,如:"小兔子乖乖",待宝宝熟练掌握后,再逐渐延长句子的长度。

宝宝日常用语的来源大部分来自成人日常的会话。除了日常用语外,父母应该主动教宝宝一些不常用到的词汇,比如家用电器名称、常见花卉的名字等。父母还可用提问的方法来激发宝宝说话,不论宝宝能不能回答出来,父母都要语调柔和地鼓励宝宝。

父母要多带宝宝出去玩,如动物园、海洋馆、博物馆等地方,以拓宽宝宝的知识面,让宝宝听到、学到更多的语言。

此外,宝宝的语言能力发展在很大程度上依赖家庭环境。家庭成员的语言水平、文化修养、家庭藏书情况、父母对宝宝教育的兴趣等,都对宝宝的语言能力发展有很大的影响。因此,家庭成员,特别

进阶智慧库，专题推荐

是和宝宝接触最多的父母，一定要注意提高文化素养，注意语言美，使自己的每一句话都能成为宝宝模仿的范例。

## 用故事和图书启蒙宝宝学说话

与其他声音相比，宝宝更喜欢人类的语音。所以，妈妈可以从宝宝一出生开始，就给他们读书。尽管宝宝听不懂，但是那起伏优美的语调却是宝宝喜欢听的，妈妈最好挑选那些语调变化丰富、朗朗上口的童谣读给宝宝听。

图书是一个非常好的语言学习工具。妈妈给宝宝读书，可以先从一张张卡片开始，然后逐渐过渡到配有很多插图的绘本。妈妈在给宝宝讲故事的时候，最好自己先浏览一遍，不要边讲边看，那样会严重破坏宝宝听的兴趣和故事的完整性。另外，如果故事内容里面有你不认可的部分，可以进行适当改编。在讲故事的同时，可别忘记营造欢乐的气氛，利用想象力和音调让宝宝跟着模仿。父母与宝宝对话时，应尽量使语调抑扬顿挫，特别是在讲故事时，最好辅之拟声、拟形、做夸张的面部表情等方式，使宝宝在生动活泼的语言氛围中不知不觉地汲取丰富的语言知识。

等宝宝的语言能力有了一定的发展后，父母可以让宝宝练习看图说话。当父母带着宝宝一起看书的时候，可以让宝宝自己来讲述画面中的故事，这样，宝宝就与父母有更多的互动了。

## 利用歌曲、游戏发展宝宝语言能力

听歌曲是让宝宝们接受和掌握语言的一种非常有效的方式，他们在学会旋律的同时，自然而然就记住了歌词。每天抽出一些时间，和宝宝一起听歌、唱歌。唱的过程中，成人可以配合相应的手势，帮助宝宝理解歌词的意思。此外，应给宝宝选择适合的歌曲，最好选择经典的儿童歌曲。

除了学唱歌曲外，儿歌、诗歌也是教宝宝学说话的好素材。由于儿歌、诗歌一般说来都比较押韵，读起来朗朗上口，宝宝即使不理解其中的内容和含义，也会非常乐意地大声朗读，最后能熟读成诵。这样既可提高宝宝的语言思维能力，又能让宝宝欣赏到优美的诗歌。

此外，在游戏中学习总是能使宝宝轻松地掌握所学的知识。父母可以与宝宝玩一些语言游戏。例如，可以准备一些"办家家"的小道具，让宝宝扮演商店老板，大人可跟"小老板"说："我要买面包""面包一个多少钱"之类的话，让宝宝和大人进行交流、互动，游戏几次之后成人与宝宝互换角色。

## 多听才能多说

让宝宝学说话，重要的还是"听"，宝宝只有先听到，才能尝试模仿着去说。父母需要为宝宝提供丰富的听觉刺激，尽管他们还不能进行清晰、准确的语言沟通，但父母可以给宝宝讲故事，尽量多地与宝宝沟通，从而让宝宝在头脑中将语言和日常生活的事情联系起来。这是在进行语言的储备，是宝宝将来语言发展的奠基石。

父母不必苦恼该和宝宝说什么，很简单，把生活中经历的事情，生动形象地告诉宝宝就行。例如，在给宝宝喂奶的时候，告诉宝宝"要吃奶了，妈妈手里拿的是奶瓶，奶是热的"；吃香蕉的时候，告诉宝宝"香蕉是黄色的，弯弯的，像月牙"。不要觉得跟一个还不懂事的小孩说话很别扭，慢慢就会发现，宝宝能听懂大人的意思。大人要运用自己所有的感官，帮宝宝增加体验。

大人还可以通过重复同一个词语的方法，来巩固宝宝的记忆。如可以从叫"妈妈"开始，不停重复说"妈妈"，同时指着妈妈，宝宝理解后也会开口叫"妈妈"。

跟宝宝说话的时候不妨增加点童趣，例如，可以一边给宝宝穿裤子一边说："小火车钻山洞了，轰隆隆钻过去，露出两个小脚丫"等。

# 常见语言教育误区

## 宝宝学说话的误区

眼看着宝宝就到了该会说话的时候，如果此时宝宝还是对说话"不开窍"，父母可能就坐不住了。殊不知，教宝宝学说话期间，爸爸妈妈们常常会陷入如下一些误区。

### 误区一：宝宝学说话越早越好

父母们难免会互相攀比，同事、邻居家的宝宝早早地就会说话了，自己家的宝宝还只能发简单的音。于是，一会儿带宝宝去医院检查听力，一会儿又去报学习班专程学习。每个宝宝由于先天发育不同，他们的语言发展也不同，也许今天还不会说，明天就能说会道。父母在帮助宝宝学习语言的时候要结合他们的自身情况，不要觉得越早越好。

### 误区二：认为宝宝听不懂大人讲话

刚出生的婴儿，确实不能理解大人的语言。但是随着宝宝学习能力的提高，以及受成人语言的不断刺激，他们的脑子里会储存相当量的语言与词汇，并慢慢理解这些语言与词汇的含义。所以父母一定不要忽视对宝宝说话，不要觉得宝宝还小听不懂话，有一天会发现宝宝语言能力的大爆发，这可都是大人平常和宝宝说话的功劳哦！

**误区三：用夸张的小儿语言和宝宝说话**

有些父母因为宝宝习惯用可爱的小儿语言来表达意思，为了让宝宝理解自己的意思，也学着宝宝说话。但是宝宝这样说话的原因是他们的语言处于单词句阶段，是因为特殊的语言发展限制了他们对意思的准确表达。父母学着宝宝说儿语可能会拖延宝宝学会说完整语言的时间。

**误区四：重复宝宝的错误语音**

初学说话的宝宝发音不准的现象很多，例如，把"舅舅"说成"豆豆"，把"河狸"说成"狐狸"等。这是因为宝宝发音器官发育还不够完善，听觉的分辨能力和发音器官的调节能力都较弱，还不能正确掌握某些音的发音方法，不会运用发音器官的某些部位。父母最好不要模仿宝宝的发音，而是应该用正确的语言来与宝宝说话，让宝宝观察自己的口型，时间一长，在正确的语音指导下，宝宝发音自然就会逐渐正确。

插画：宋雪

进阶智慧库，专题推荐

# 小童谣

## 宝宝喜欢的小童谣

### 小白兔

小白兔，白又白，

两只耳朵竖起来，

爱吃萝卜爱吃菜，

蹦蹦跳跳真可爱。

### 笑哈哈

小鸡小鸡，叽叽叽；

小羊小羊，咩咩咩；

小鸭小鸭，嘎嘎嘎；

宝宝宝宝，笑哈哈。

### 五指歌

一二三四五，上山打老虎。

老虎没打到，见到小松鼠。

松鼠有几只？让我数一数。

数来又数去，一二三四五。

更多专题内容，请访问贝瓦网（www.beva.com）。

旧玩具，不要丢，
送给需要的朋友。

轻松育儿 Q&A

## 母乳喂养的好处有哪些？

**Q：** 母乳喂养的好处有哪些？

**A：** 母乳喂养对宝宝和妈妈均有很多好处。

### 对宝宝

☆容易消化。母乳是专门为人类婴儿的稚嫩且尚在发育的消化系统而设计的。它所含的营养成分更适合小婴儿，更容易被婴儿吸收。实际观察结果显示，母乳哺育的婴儿较少出现肠绞痛、胀气，也较少吐奶。

☆比较安全。来自妈妈乳房的乳汁无需准备、煮沸的环节，不用担心这些过程中产生的污染。在母亲身体正常的情况下，乳汁是非常安全的婴儿食物。

☆增加宝宝的抵抗力。宝宝在吸母乳的同时，也从中得到增强他们抵抗力的抗体，因此对将来的成长有益。整体而言，母乳喂养的宝宝比喝配方奶粉的宝宝更少生病。

☆有利于促进宝宝口腔的发育。母亲的乳头和婴儿的嘴巴构造是真正的天造地设。这种契合，给予宝宝充分的机会去运动下颚、牙龈和牙齿，有利于促进其口腔发育。

☆减少肥胖几率。和喂食配方奶粉的孩子相比，喝母乳的孩子到青春期肥胖机率较小。

☆增进宝宝大脑和智商的发展。母乳中含有促进脑部发育的脂肪酸（DHA）。另外，喂食母乳时，母婴之间的亲密互动也有助于促进婴儿心智的发展。

### 对妈妈

☆方便。没有比母乳更方便的食物了，随身携带、卫生、立即可食、保证适温。如果妈妈和宝宝必须分离一晚、一整天或者一星期，也可以挤出母乳，贮藏在冰箱中。

☆成本低。比起奶粉，母乳可以说是免费的。不需要准备奶瓶，不用买奶粉，喝不完也不会浪费。

☆有助于妈妈产后恢复。喂养婴儿，是为人母的自然过程中的一环。宝宝吸奶的过程中，自然带动子宫收缩，同时也可以加速恶露排除。这个过程对母亲的身材恢复是有好处的。

☆对健康有帮助。有证据显示，喂母乳可以降低妇女患子宫癌、卵巢癌以及停经前患乳癌的几率，也可以降低日后骨质疏松的危险。

## 喂宝宝配方奶粉，需要注意哪些事项？

**Q：** 喂宝宝配方奶粉，需要注意哪些事项？

**A：** 无论是完全喂配方奶粉，还是作为母乳的辅助食品，都需要注意如下事项：

### 选择配方奶

现在的配方奶中的蛋白质、脂肪、碳水化合物、钙质、维他命、矿物质、水及其他营养成分，都已经非常接近母乳了。在选择前，可以参考以下条件：

1. 请宝宝的医师给建议，选择最接近母乳的配方奶。

2. 大部分配方奶都以牛奶为原料，再加上宝宝需要的其他营养成分（但宝宝周岁前不可以喂他一般的牛奶，因为不容易消化吸收，也无法提供适当的营养。）

3. 某些特殊的宝宝需要特殊的配方奶。如早产儿专用配方奶，对牛奶和豆浆过敏的宝宝专用的配方奶，代谢不良的宝宝专用的配方奶等。

4. 不同的配方奶适合不同时期的宝宝，应听从小儿科医师的建议，并观察宝宝的反应进行适当的调整。

### 安全地喂配方奶

1. 绝对不使用过期的奶粉。

2. 冲泡奶粉前，要将双手洗干净。

3. 使用奶瓶和奶嘴后，要在沸水中煮几分钟进行消毒或使用婴儿专用消毒锅进行消毒。

4. 不正确的冲泡奶粉的方式会带来危险。一定要遵照包装上的说明来进行处理。

5. 宝宝喝不完的奶要立即丢弃，切勿留下再次喂。保留一段时间的奶里，容易滋生大量的细菌。

6. 用完的奶瓶和奶嘴先冲洗干净，以便于消毒。

## 黄疸来了，怎么办？

**Q：** 黄疸来了，怎么办？

**A：** 黄疸，临床上表现为巩膜、黏膜、皮肤及其他组织被染成黄色。其发生是由于胆红素代谢障碍而引起血清内胆红素浓度升高所致。

黄疸通常出现在宝宝出生的第二天或第三天，最高峰在第五天，到了一周或十天后消失。早产儿由于肝功能发育不成熟，出现得比较晚（大约在第三天或第四天），且时间拖得较长（可能持续十四天或更久）。比较容易有新生儿黄疸的是一生下来体重便下降很多的婴儿，母亲有肥胖症者，以及经过催生产下的宝宝。

通常情况下，医生会将黄疸儿留下观察几天，轻微的新生儿黄疸不需特别治疗；程度稍微重的，可以用紫外线照射进行有效治疗。接受治疗的婴儿必须多补充水分，且不应擅自被带离观察室，待血液测试中的黄疸指数正常，父母便可带婴儿安心出院。

在少数情况下，胆红素指数不降反而急速上升，这有可能是病理学上的黄疸。病理上的黄疸相当罕见，它出现的时间早于或晚于新生儿黄疸，黄疸指数比较高。病理上的黄疸需根据病因加以治疗，可能会包括紫外线照射治疗、输血、动手术，或者用抑制胆红素的药物来治疗。

一般来说，喝母乳的婴儿血液中的黄疸指数的确比吃婴儿配方奶粉的宝宝要高，而且持续的时间也较长（可至六个星期）如果能排除病理性黄疸，则不足为虑。

## 为宝宝添加固体食物，要注意哪些问题？

**Q：** 为宝宝添加固体食物，要注意哪些问题？

**A：** 关于何时给婴儿添加辅食，喂固体食物，说法不一。有研究显示，依据每个婴儿的发育状况而定，会比硬性的年龄规定更合适。选择开始喂食的时机是非常重要的，既不能太早也不能太晚。有医学研究显示，太小的宝宝的消化系统并不适合固体食物，舌头会自动把食物吐出，肠内也缺少消化酶素。太早喂食固体食物，对宝宝并不会有实质性的身体伤害，但是可能影响其未来的饮食习惯。例如，被迫接受固体食物，可能导致宝宝会排斥该食物。太晚喂食固体食物也会有问题。较大的宝宝会因长期习惯于液体食物而排斥学习咀嚼及吞食固体食物，同时在口味上也难以转变。

可以根据以下的迹象来判断宝宝是否可以接受固体食物了（通常还在宝宝四个月至六个月之间）：

☆当宝宝可以坐着，头部保持固定时，才可以考虑喂食其固体食物。先期要喂绞碎的固体食物，当宝宝能够独自坐好时，才可以喂大一些的固体食物。这大约要等到宝宝七个月左右。

☆宝宝舌尖反射作用停止。新生儿的生理机能里，为保护其不被异物窒息，舌尖会产生反射动作将物体推出口外。可以尝试将小的固体物体送到宝宝口中，如果他用舌头将其推出，便是舌尖的反射作用仍然在，还不适合喂食固体食物。

☆宝宝的舌头会做上下或前后的动作时，表示其发展已经成熟。宝宝会将下唇往内缩，表示他已经可以含住汤匙上的食物。

☆宝宝开始对餐桌上的食物感兴趣。当宝宝非常热切地注视大人吃食物时，当他开始伸手够餐桌上或大人手中的食物时，表示宝宝开始热切地期盼新食物了。

## 什么是幼儿急疹？

**Q**：什么是幼儿急疹？

**A**：幼儿急疹又称婴儿玫瑰疹、烧疹，是人类疱疹病毒6、7型感染引起的常见于婴幼儿的急性出疹性传染病。

☆临床表现

感染发病多在2岁以内，尤以1岁以内最多，四季均可发，一生感染2次以上者微乎其微。潜伏期一般为5—15天。临床特点是突然起病，病初即有高热，体温达39℃—40℃，持续3—5天而骤降，热退后疹出。

发热期。通常突起高热，持续3—5天。高热时期可伴随惊厥、烦躁、咳嗽、呕吐，以及腹泻，有的患儿在高热时可出现抽风。除此感冒症状不明显，精神和食欲尚佳，但会有咽部和扁桃体轻度充血和头颈部浅表淋巴结轻度肿大。表现为高热与轻微的症状及体征不相称。

出疹期。病程第3—5天体温骤然退至正常，同时或稍后出现皮疹。皮疹散在，为玫瑰红色斑疹或斑丘疹，压之褪色，很少融合。首现于躯干，然后迅速波及颈、上肢、脸和下肢。皮疹持续24—48小时很快消退，无色素沉着，也不脱皮。

☆如何诊断

可以根据以下特点进行诊断：

1. 烧退疹出或疹出热退。
2. 皮疹多不规则，为小型玫瑰斑点，

也可融合一片，压之消退。先见于颈部及躯干，很快遍及全身，腰部及臀部较多。

3. 皮疹在1—2天内消退，不留色素斑。

4. 该病在出疹前可有呼吸道或消化道症状，如咽炎、腹泻，同时颈部周围淋巴结普遍增大，这对幼儿急疹的诊断很有意义。

☆治疗建议

一般不需特殊治疗，主要是对症处理：

1. 让患儿休息，室内要安静，空气要流通，被子不能盖得太厚太多。

2. 要保持皮肤的清洁卫生，经常给孩子擦去身上的汗渍。

3. 给孩子多喝些开水或果汁水，以利出汗和排尿，促进毒物排出。

4. 吃流质或半流质食物。

5. 体温超过39℃时，可用温水或稀释酒精为孩子擦身，防止孩子因高热引起抽风。

6. 高烧时期有些宝宝会发生小儿惊厥现象，通常不会留下后遗症。

7. 出疹子的同时通常伴有发烧，建议等退烧后再打预防针，晚几天接种没关系的。任何预防针发烧时都不要打。

8. 在出疹子期间，小宝宝照样可以外出、可以洗澡，也不需禁食某些食物。

## 孩子学走路时，应该使用学步车吗？

Q：孩子学走路时，应该使用学步车吗？

A：据美国的有关数据显示，学步车每年造成数千件头部伤害医疗事件，医师已不再推荐使用。美国小儿科医师协会甚至主张禁止所有移动式学步车的制造与买卖。有些研究报告显示，过度使用学步车会延缓宝宝的发育。研究指出，相比不常使用学步车的孩子，常使用学步车的宝宝学会坐、爬和走的时间都更晚。事实上，宝宝站起来学走相较于坐在学步车中学走，使用的是不同的肌肉组织。有研究进一步表明，在学步车中，宝宝看不见自己的脚，因此缺乏可以帮助他们衡量自己的身体如何在空间中走动的视觉线索，而这是学会走的关键之一。此外，使用学步车的宝宝，减少了学习平衡，以及如何在跌倒时自己站起来的机会，这同样是学会走的关键之处。

## 定期体检，需要关注哪些事项？

**Q：** 定期体检，需要关注哪些事项？

**A：** 针对宝宝健康体检，每位小儿科的医生都有自己的一套方式方法。体检的整体形式、所使用的评量技术以及检查程序，都会因每个宝宝的独特需要而不同。

☆第一个月宝宝的测查项目：婴儿的睡眠、饮食等基本情况；身长、体重和头围；视力与听力；筛检，包含苯酮尿症、甲状腺功能不足和其他先天性代谢疾病的筛检等；身体检查，包含婴儿的心跳是否正常、腹部是否有异常、臀部有否异位情形存在、双手发育与运动情况、双臂发育与运动情况、双腿发育与运动情况、双脚发育与运动情况、背部与脊椎是否有异常、眼睛反射与焦距及泪腺功能是否正常、耳朵有无积液及形状是否正常、鼻子黏膜情况及其他异常是否存在、口腔与咽喉是否正常、颈部运动是都正常、腋下淋巴结是否有肿大、囟门是否发育正常、呼吸功能是否正常、生殖器是否有异常、皮肤颜色是否正常及有否出疹或胎记、与宝宝年龄先关的反射动作、总体动作与行为能力等。

☆第二个月宝宝的测查项目：婴儿的睡眠、饮食等基本情况；身长、体重和头围；体检，包含复检以前出现过的问题；发育评估，包含颈部的控制、手部的运动、视力、听力等。如果宝宝的健康情形良好，也没有其他的禁忌，就应该打第一次的预防针。

☆第三个月宝宝的测查项目：一般来说，大多数医生不会建议在这个月带着宝宝去检查。如果觉察到宝宝在某些方面可能有问题，可以主动咨询医生，如果有必要，再做检查。

☆第四个月宝宝的测查项目：婴儿的睡眠、饮食等基本情况；身长、体重和头围；体检，包含复检以前出现过的问题；发育评估，包含颈部的控制、手部的运动、视力、听力、一般反应等。如果宝宝的健康状况良好，也没有不良征兆，可以做第二次的预防注射。要记得告诉医生，宝宝第一次注射后产生的反应。

☆第五个月宝宝的测查项目：一般来说，大多数医生不会建议在这个月带着宝宝去检查。如果觉察到宝宝在某些方面可能有问题，可以主动咨询医生，如果有必要，再做检查。

☆第六个月宝宝的测查项目：婴儿的睡眠、饮食等基本情况；身长、体重和头围；体检，包含复检以前出现过的问题；现在可以开始检查嘴巴，看看是不是要长牙了，囟门生长是否正常（后囟门应该已经长合，头顶的前囟可能已经开始变小）；发育评估，包括头部的控制、视力、听力、伸手并抓取物体的能力、碰触微小物体、翻身、与人说话时的反应与说话能力。如果宝宝的健康状况良好，也没有不良征兆，可以做第三次的预防接种注射。此外，在这个月可以做血红素与血球测试。

☆第七个月宝宝的测查项目：一般来说，大多数医生不会建议在这个月带着宝宝去检查。如果觉察到宝宝在某些方面可能有问题，可以主动咨询医生，如果有必要，再做检查。

☆第八个月宝宝的测查项目：一般来说，大多数医生不会建议在这个月带着宝宝去检查。如果觉察到宝宝在某些方面可能有问题，可以主动咨询医生，如果有必要，再做检查。

☆第九个月宝宝的测查项目：婴儿的睡眠、饮食等基本情况；身长、体重和头围；体检，包含复检以前出现过的问题；发育评估，例如是否能自己坐好、能够站立起来、伸手去触摸或去拿物品、对自己的名字有否反应、是否喜欢一些社交性质的游戏（拍拍手、躲猫猫等）。如果宝宝的健康状况良好，也没有不良征兆，可以打预防针。此外，在这个月可以做血红素与血球容积测试，以检查是否贫血。

☆第十个月宝宝的测查项目：一般来说，大多数医生不会建议在这个月带着宝宝去检查。如果觉察到宝宝在某些方面可能有问题，可以主动咨询医生，如果有必要，再做检查。

☆第十一个月宝宝的测查项目：一般来说，大多数医生不会建议在这个月带着宝宝去检查。如果觉察到宝宝在某些方面可能有问题，可以主动咨询医生，如果有必要，再做检查。

☆第十二个月宝宝的测查项目：婴儿的睡眠、饮食等基本情况；身长、体重和头围；体检，包含复检以前出现过的问题，如果宝宝已经会站立，站立或扶着物体站立的姿势与站立时腿及脚的情形都是检查的重点，对于会走路的小孩，也要观察其走路的姿势；发育评估，例如独立坐着、站起身并扶着东西走动、伸手抓取物品、以拇指及食指拾起小物体、寻找掉落或隐藏的东西、对别人喊他名字时有反应、开始自己拿东西吃、会用杯子、穿衣时会配合、会玩一些社交性游戏等。如果宝宝的健康状况良好，也没有不良征兆，可以打预防针。如果以前没做过，要做血红素与血球容积测试，以检查是否贫血。

## 如何通过训练，促进儿童听觉能力发展？

**Q：** 如何通过训练，促进儿童听觉能力发展？

**A：** 很多父母已经把对孩子的听觉训练提前到了胎儿期。还在妈妈肚子里的时候，妈妈们就给孩子听莫扎特的音乐、各种胎教故事等，然而等孩子呱呱坠地后，却反而忽视了对孩子听觉的训练。孩子的听觉能力关系到孩子的语言能力发展，对孩子进行听觉训练非常必要。

孩子出生后，喜欢听柔和、缓慢、甜美的声音。所以，父母对孩子说话时声音要尽量轻柔、缓慢，让孩子产生舒适、安全的感觉。对孩子说话时，要喊着孩子的乳名，让孩子知道父母在喊他，渐渐地熟悉别人对自己的称呼。等孩子理解了自己名字的含意后，父母可以在不同的方向，不同的距离喊孩子的名字，观察孩子是否会有反应。

在训练孩子听觉的初期，父母可以为孩子准备一些会发出声音的玩具，如铃铛，在孩子周围不同的方向摇晃、发声，吸引孩子的注意力，培养孩子的听觉灵敏度。你也可以选择生活中的物品对孩子进行听觉的训练，如，让孩子听听流水的声音，开门关门的声音，敲击铁盆的声音等等。

有条件的话，带孩子去听听大自然的声音是最好的。你还可以找一些节奏感比较强的音乐，和孩子一起去听，哪怕是跟着音乐忘情地扭动身体，那又有何妨，培养孩子的乐感的同时还能带来快乐，这就够了。让孩子听听令人赏心悦目的世界名曲、钢琴曲、小提琴曲、古筝曲……不论哪种乐曲，只要孩子愿意听，并听了后感觉开心，这就够了，你也大可不必教给孩子太多的音乐欣赏方面的知识，相信孩子的感觉，这是最重要的。

## 如何通过训练，促进儿童视觉能力发展？

**Q：** 如何通过训练，促进儿童视觉能力发展？

**A：** 1岁以前是锻炼孩子视觉的重要阶段，父母要经常认真观察孩子的视觉反应，并做出相应的训练。那么，该如何对孩子进行视觉训练呢？

孩子刚出生几个月的时候视力较弱，仅能看到物体的轮廓，新生儿对人脸和明暗对比较强的黑白色较敏感。父母可以让孩子近距离看看自己的脸，还可以拿对比较强的黑白相间色玩具逗孩子玩，例如：黑白色相间的球、黑白色相间的图片等。

孩子3—4个月的时候，父母可以用色彩鲜艳的红球来吸引其视线，让其跟随着红球的运动来移动自己的视线。父母可以根据孩子的情况，逐渐扩大红球移动的范围。

在孩子开始能看出物体的远近时（4个月大），父母可以通过让孩子去触摸远近不同的东西来培养孩子视觉的立体感。

父母可以拿两个红苹果，放在距孩子眼睛不同远近的位置上，让孩子去自主抓取，逐渐培养孩子的手眼协调能力。

孩子到了1岁左右，父母还可以陪孩子玩一些锻炼手眼协调能力的游戏，如"拾豆豆""串珠游戏"等。随着孩子年龄的增大，父母可以让孩子的视觉去接触更广阔的东西，带孩子走到大自然中去，看看自然界中的物体。另外，绘画是锻炼孩子视觉能力不错的方法，让孩子学着把自己所看到的东西画在纸上，这不仅锻炼孩子对事物远近、大小等属性判断的准确性，还培养了孩子认真观察的良好习惯。

为了保护孩子的视力，父母还需注意预防孩子后天的行为习惯对视力的伤害。

## 挖掘家庭环境的教育价值与教育作用

**Q：** 如何做智慧家长，挖掘和发挥家庭环境的巨大教育价值与教育作用？

**A：** 家庭教育不但要有正确的原则做指导，也需要通过科学的方法实施。教育孩子的方法是多种多样的，同时，教育方法也有科学与否、正确与否之分。孩子一生下来，首先是进入家庭，这是人生的第一个生活环境。最初的生活环境对孩子的身心发展影响极大。有许多家长，在谈到教育孩子的方法时，往往只注重于说服、批评、表扬等方法，而忽视了利用家庭生活环境去影响孩子这一方法。要运用家庭生活环境教育和影响孩子，家长要从多方面进行努力：首先要安排好家庭的经济生活；要根据家庭条件，注意美化家庭的生活环境；全家人都要严格要求自己，创造和谐的家庭生活；家长还要不断提高自己的文化素养，追求高尚的精神生活。具体的形象对孩子有巨大的吸引力、感染力和说服力，在家庭中，易于为他们所理解和模仿。

在孩子成长过程中，榜样的力量是无穷的，孩子的年龄越小，榜样的感染力就越大。小时候受到榜样的影响，印象极为深刻，甚至终生难忘。除了家长自身要做好榜样，也要引导孩子向伙伴、老师、朋友等一切好榜样学习。另外，在家庭教育中，要善用表扬鼓励、批评、暗示等教育方式。若要使表扬收到积极的效果，应遵循以下原则：要实事求是，恰如其分；表扬奖励要及时，不能事过太久；以精神奖

励为主，物质奖励为辅；给予物质奖励不是先承诺，而应结合说服教育。运用批评教育时，要端正批评孩子的目的；批评必须公正合理、恰如其分；批评要讲究方式方法，要指出错误在什么地方，帮助孩子分析错误是怎么产生的，以及及时纠正的必要性，如何纠正等。暗示是用含蓄、间接、简化的方式方法对孩子的心理实施影响，有直接暗示、间接暗示、反暗示和自我暗示等。无论是表扬鼓励，还是批评、暗示等，在使用过程中，都需要一定的艺术性，才能产生事半功倍的理想效果。

## 如何为儿童选择合适的游戏与玩具

Q：儿童每个发展阶段都具有典型的特征，如何根据儿童发展阶段性特征为其选择合适的游戏与玩具呢？

A：在为婴儿和学步儿选择游戏玩具与材料时，父母要知道什么样的玩具是适合的。玩具应该适合儿童的发展，即应该选择有趣的玩具、孩子会玩的玩具和颜色鲜艳的玩具。玩具应该安全耐用，要经得起咬、敲和扔，不能有容易掉落的小部件以防孩子吞咽以引起窒息。玩具应该配合

孩子的抓握操作能力，要考虑到玩具的大小、重量和牢固程度。玩具要能吸引孩子感官的注意力，例如柔软的能发出声音的玩具、能被操作的玩具（通过戳、转把手、拉发条等来发出声音）。给孩子提供的玩具应该是开放性的，不要有太强的功能限制性，这样才能促进创造性游戏的开展。

学前阶段的儿童在各个领域都有了很大的发展。那些非结构化的、功能多样的、设计简单的玩具是更适合儿童需要的选择。在为处于这个发展阶段的儿童选择玩具和游戏材料时可以从发展的各个领域来考虑，不同类型游戏的玩具数量要保持平衡。

大肌肉动作游戏中，可以选择大型积木、交通类玩具、攀爬设备、干木工活的设备和材料（小锤子、工作台、木头片等）。

在精细动作游戏中，可以选择泥土、拼图、串珠、建筑材料（小积木、拼装玩具、原木积木玩具等）、从事艺术活动的材料用品（刷子、记号笔、蜡笔、手指作画的水彩性颜料和水性涂料等）。

在发展语言和读写能力的游戏中，可以选择图书、书写材料（记事本、黑板、铅笔、钢笔、沙盘等）、主题道具（贝瓦手偶、玩偶等）。

在认知游戏中，可以选择与水相关的材料（水桶、水枪、勺子、漏筛等）、科学实验材料（天平、滴管、动物笼子、养动物或者种植植物的小箱子等）、来自自然界的物品（树的叶子、花朵、鸟的羽毛等），另外，也可以提供简单的棋类和纸牌游戏发展儿童的认知能力。

在社会表演游戏中，可以选择提供玩具娃娃和毛绒玩具、表演游戏的道具（帽子、领带、听诊器、小铲子、小勺子等）、生活中的人物形象材料（图画、立体玩具等）、家务活动的设备和道具（小扫帚、小餐具、小桌椅等）。

更多专题内容，请访问贝瓦网（www.beva.com）。

# 参考文献

① 林崇德. 发展心理学. 北京：人民教育出版社，2011.

② （美）Laura E. Berk. 发展心理学婴儿、孩童、青春期. 北京：北京师范大学出版社，2006.

③ 陈国媚，姜勇. 幼儿教育心理学. 北京：北京师范大学出版社，2009.

④ 方富熹，方格. 儿童发展心理学. 北京：人民教育出版社，2008.

⑤ 朱家雄，胡娟. 学前教育课程. 上海：华东师范大学出版社，2005.

⑥ 彭聘龄. 普通心理学. 北京：北京师范大学出版社，2009.

⑦ 桑标. 当代儿童发展心理学. 上海：上海教育出版社，2009.

⑧ 梁志燊. 幼儿好行为养成指导手册. 北京：北京师范大学出版社，2007.

⑨ 幼儿园快乐与发展课程组. 幼儿园快乐与发展课程. 北京：北京师范大学出版社，2010.

⑩ 赵寄石，唐淑. 幼儿园渗透式领域课程. 南京：南京师范大学出版社，2009.

⑪ 张明红. 学前儿童社会教育. 上海：华东师范大学出版社，2008.

⑫ 林琳，朱家雄. 学前儿童美术教育. 上海：华东师范大学出版社，2006.

## 参考文献

⑬ 刘占兰. 学前儿童科学教育. 北京：北京师范大学出版社，2011.

⑭ 祝士媛. 学前儿童语言教育. 北京：北京师范大学出版社，2011.

⑮ 王懿颖. 学前儿童音乐教育. 北京：北京师范大学出版社，2011.

⑯ 黄瑾. 学前儿童音乐教育. 上海：华东师范大学出版社，2010.

⑰ 李生兰. 学前教育学. 上海：华东师范大学出版社，2009.

⑱ 鲁道夫·谢弗（著），杨汉麟（译）. 罗素论教育. 北京：人民教育出版社，2009.

⑲ 吴国胜. 科学的历程（上下）. 北京：北京大学出版社，2009.

⑳ 周念丽. 0—3岁儿童多元智能评估与培养. 上海：华东师范大学出版社，2010.

㉑ 华夏. 学前儿童音乐教育与活动设计. 北京：北京大学出版社，2010.

㉒ 许卓娅. 学前儿童艺术教育. 上海：华东师范大学出版社，2008.

㉓ 罗素著. 罗素论教育. 杨汉麟译. 北京：人民教育出版社，2009.

㉔ 余震球（选译）. 维果茨基教育论著选. 北京：人民教育出版社，2007.

㉕ 乔·L.弗罗斯特·游戏和儿童发展. 唐晓娟，张胤译. 南京：江苏教育出版社，2011.

㉖ 玛利亚·蒙台梭利. 蒙台梭利儿童教育手册. 北京：中国发展出版社，2007.

㉗ 玛利亚·蒙台梭利. 童年的秘密. 北京：中国发展出版社，2007.

㉘ 姚伟. 中外幼儿教育名著解读. 南京：南京师范大学出版社，2011.

㉙ 张启福. 大师谈儿童能力培养. 南京：重庆师范大学出版社，2009.

㉚ 周宏. 大师谈启蒙教育. 南京：重庆师范大学出版社，2010.

㉛ 赵忠心. 家庭教育学. 北京：人民教育出版社，2009.

㉜ 石大胜. 美国儿童早期阅读教学研究. 北京：北京师范大学出版社，2011.

㉝ 陈晖. 阅读世界儿童文学经典. 北京：北京师范大学出版社，2011.

㉞ 唐西胜. 大师谈儿童习惯培养. 南京：重庆师范大学出版社，2010.

㉟ 施良方. 学习论. 北京：人民教育出版社，2010.

㊱ （美）唐纳德·A.诺曼. 设计心理学. 北京：中信出版社，2012.

㊲（美）唐纳德·A. 诺曼. 设计心理学 2—如何管理复杂. 北京：中信出版社，2012.

㊳（苏）A. M. 列乌申娜. 学前儿童初步数概念的形成. 北京：人民教育出版社，1982.

㊴朱智贤. 儿童心理学. 北京：人民教育出版社，1980.

㊵詹万生. 当代家庭教育新理念. 北京：光明日报出版社，2003.

㊶J. 皮亚杰. 儿童心理学. 北京：商务印书馆，1981.

㊷吴式颖. 外国教育史教程. 北京：人民教育出版社，2006.

㊸董琦. 心理与教育研究方法. 北京：北京师范大学出版社，2010.

㊹侯玉波. 社会心理学. 北京：北京大学出版社，2011.

㊺王炳照等. 简明中国教育史. 北京：北京师范大学出版社，2007.

㊻（英）安德斯·汉森等（著）. 大众传播研究方法. 北京：新华出版社，2004.

㊼朱立元主编. 当代西方文艺理论. 上海：华东师范大学出版社，2003.

㊽斯蒂芬·李特约翰（著）. 人类传播理论. 北京：清华大学出版社，2004.

㊾（美）沃纳·塞弗林. 传播理论起源、方法与应用. 北京：华夏出版社，2000.

㊿（澳）马尔科姆·沃特斯. 现代社会学理论. 北京：华夏出版社，2000.

(51) 黄济，王策三. 现代教育论. 北京：人民教育出版社，2006.

(52) 徐浙宁. 中国与欧美儿童健康指标体系比较. 中国青年研究，2008（9）.

(53) 王琳. 我国 0—6 岁儿童忽视影响因素指标体系构建. 中国妇幼保健，2011，（26）.

(54) 李敏宜，霍力岩. 国际学前教育指标体系构建的新趋势. 比较教育研究 2009（12）.

(55) 刘新亮. 构建儿童发展评价指标体系的研究. 中国卫生经济，2009，（04）.

(56) 陆敏，郭进勇. 中西方教育视野下之儿童观比较. 当代教育论坛，2012（04）.

(57) 单中惠. 西方现代儿童观发展探究. 清华大学教育研究，2003（08）.

(58) 李娟娟. 西方儿童观的发展. 光明日报，2011 年 7 月 12 日.

(59) 任永泽. 我们现在需要什么样的儿童观. 现代教育论坛，2010（04）.

(60) 杨朝军. 人性视角下的儿童观及其现实意义. 内蒙古师范大学学报，2010（12）.

(61) 周觅. 皮亚杰与维果茨基儿童观比较研究. 教学与管理，2012年9月20日.
(62) 陈冬兰. 老庄的儿童观. 湖南科技学院学报，2012年1月.
(63) 尹维祖. 关键在于确立科学的儿童观. 山西日报，2011年12月12日.
(64) 张喜阶，伍双梅. 对杜威儿童观的认识及其对教学的启示. 基础教育，2011（7月）.
(65) 王海英. 20世纪中国儿童观研究的反思. 华东师范大学学报，2008（6月）.
(66) 雷静，谢光勇. 近十年来我国生命教育研究综述. 教育探索，2005（04）.
(67) 许世平. 生命教育及层次分析. 中国教育学刊，2002（08）.
(68) 苏海针. 生命教育内涵之综述. 继续教育研究，2008（03）.
(69) 冯建军. 生命教育实践的困境与选择. 中国教育学刊，2010（1）.
(70) 冯建军. 生命教育与生命统整. 教育理论与实践，2009（08）.
(71) 徐秉国. 英国的生命教育及启示. 教育科学，2006（08）.
(72) 刘茂军. 因材施教原则对创新教育的启示. 当代教育论坛，2008（05）.
(73) 苏春景，毛月明. 因材施教新探. 天津市教科院学报，2005（12）.
(74) 秦旭芳. 因材施教新阐释. 学前教育研究，2003（04）.
(75) 张颖. 因材施教——教育教学的经典原则. 山东教育学院学报，2003（01）.
(76) 王本洋，罗富和. 以人为本与因材施教的探讨. 中国林业教育，2010（01）.
(77) 熊宜勤. 实施因材施教的理论与实践—学习风格与教学策略的研究. 广西高教研究，2000（10）.
(78) 刘春梅. 孔子因材施教思想探微. 河南工业大学学报（社会科学版），2006（03）.
(79) 丁耀明. 孔子因材施教教育思想分析. 广西民族学院学报（哲学社会科学版），2002（11）.
(80) 梁秋英，孙刚成. 孔子因材施教的理论基础及启示. 教育研究，2009（11）.
(81) 李爱梅，陈宁. 和谐教育理念下的因材施教策略. 内蒙古师范大学学报（教育科学版），2009（02）.
(82) 贺世泉，黎明. 关于对“因材施教”原则的思考. 长沙铁道学院学报（社会科学版），

2005（03）.

㊣ 蒯义峰. 从理论依据和实践方法谈孔子的因材施教理论. 河北建筑科技学院学报（社会科学版），2005（12）.

㊣ 张如珍. "因材施教"的历史演进及其现代化. 教育研究，1997（09）.

㊣ 麻彦坤，叶浩生. 维果茨基最近发展区思想的现代发展. 心理发展与教育，2004（02）.

㊣ 王慧. 试论维果茨基"最近发展区"理论的现代教学启示. 井冈山学报（哲学社会科学版），2006（07）.

㊣ 叶荣芳. 细节决定成败——浅谈动漫衍生产品开发中的设计细节. 包装世界，2010（09）.

㊣ 邵卡，潘祖平. 未来学前期儿童产品开发走向分析. 包装工程，2010（02）.

㊣ 罗碧娟. 探析儿童产品的色彩设计. 包装工程，2008（01）.

㊣ 陈旭. 数字环境下的产品设计表达. 桂林电子工业学院学报，2005（08）.

㊣ 黄卫星. 全球视野中的产品设计走向. 美术学报，2010（02）.

㊣ 沈晓琳. 论产品设计中玩具文化发展趋势. 现代商贸工业，2009（04）.

㊣ 李丹. 基于心理学理论的学龄前玩具的艺术创新设计. 长春大学学报，2010（03）.

㊣ 曹巨江，程金霞. 基于消费者层次的产品设计接受. 包装工程，2007（02）.

㊣ 赵华. 基于最近发展区理论的婴儿产品设计原则浅析. 设计艺术研究，2012（02）.

㊣ 陈小美. 儿童玩具优化设计的心理学研究. 中国商界，2010（04）.

㊣ 梁宝珍，朱键. 儿童产品设计思路与实例. 经营与管理，2012（10）.

㊣ 罗碧娟. 儿童产品的人性化设计. 包装工程，2006（02）.

㊣ 刘曼曼. 动物形象在儿童用品设计中的特殊地位极其原因. 艺术探索，2009（02）.

㊣ 王玲. 传统儿童游戏与产品设计思维. 艺术教育论坛，2009（02）.

㊣ 邵华冬. 2005—2006广告主儿童用品市场营销推广运营全报告. 焦点，2005（05）.

㊣ 况宇翔. 4—5岁儿童产品设计研究. 内江科技，2007（01）.

㊣ 胡奇光，李正华. 用Flash设计基于Web的多媒体课件. 计算机时代，2004（01）.

㊣ 李康，孔维宏. 现代教育信息资源开发思想探析. 电化教育研究，2007（06）.

⑩⑤ 张有录. 试论多媒体课件设计的十大原则. 教育探索, 2003 (10).

⑩⑥ 李永健, 何克抗. 认知工具——一种以多媒体计算机为基础的学习环境教学设计的新思路. 北京师范大学学报（社会科学版），1997 (02).

⑩⑦ 陈瑛琦. 浅谈多媒体课件设计的基本要求. 现代教育科学, 2001 (01).

⑩⑧ 廖金辉. 基于建构主义理论的多媒体课件设计研究. 湖南学院学报, 2006 (04).

⑩⑨ 黄晓生, 李晓琴. 基于多模态学习理论的多媒体课件设计. 南昌高专学报, 2011 (04).

⑩ 王英豪. 多媒体学习的认知理论指导下的课件设计. 现代教育科学, 2007 (06).

⑪ 费建国, 张兰芳. 多媒体课件的应用分类与设计原则. 西南林学院学报, 2004 (12).

⑫ 杨彬. 多媒体课件的设计与制作. 辽宁行政学院学报, 2006 (01).

⑬ 林众, 冯瑞琴. 多媒体教学中的知识建构. 教育科学, 2007 (04).

⑭ 黄金龙. 多媒体课件的传播特性与设计原则. 青海大学学报（自然科学版），2006 (06).

⑮ 张培芝. 多媒体教学软件的教学设计方式探讨. 改革与开放（自然科学版），2009 (08).

⑯ 陈喜丹, 张静. 当代多媒体教学视阈下的教学设计观. 心智与计算, 2009 (12).

⑰ 陈喜丹, 张静. 创新性学习课件若干设计原则的探讨. 中国电化教育, 2006 (03).

⑱ 罗碧. 中美儿童网站比较研究. 青年记者, 2011 (01).

⑲ 李舒. 战略视角下儿童社交网站市场分析——以《摩尔庄园》为例. 青年记者, 2011.

⑳ 马毓. 提高我国大陆儿童网站信息可理解性的建议. 情报检索, 2010 (07).

# 北京师范大学教育学部简介

　　百年峥嵘、风雷激荡，历代名师先贤矢志不渝，使教育事业成为国家独立与自强的基石；世纪之交、继往开来，教育学人更应奋发图强，为实现中华民族的伟大复兴再立千秋功业。秉承这种勇于担当的责任心与使命感，北京师范大学解放思想、创新机制、整合资源、凸显特色，以建设世界一流教育学科为战略目标，将原有教育学科相关单位加以整合，于 2009 年组建了教育学部。教育学部的愿景是将北京师范大学教育学科建设成为中国教育创新的重要策源地，高素质教师的培养基地，未来教育家的摇篮，教育决策的思想库，国际教育交流和中国教育文化产业的重要基地。

　　教育学部承载了北京师范大学教育学科的辉煌成就。该部于全国最早设立教育学硕士、博士学位授权点，最早设立教育学博士后流动站，最早拥有教育学一级学科博士学位授予权，其学科综合实力居全国领先水平。

# 芝兰玉树教育研究院简介

芝兰玉树教育研究院，秉持深度承担社会责任的追求与目标，致力于构造专注儿童全效成长，支持高品质学前教育产品研发、应用、推广和服务的非营利性组织。通过搭建中国儿童教育产品与服务品牌孵化公益平台，促进高等教育科研机构与儿童教育产品研发、生产、推广机构合作，将优秀教育科研成果转化为社会生产力，为儿童、家长、教育系统以及行业伙伴提供高品质的学前教育服务。

## 使命

促进技术与学术联姻，打造高品质学前教育产品与服务！

搭建中国儿童教育产品与服务品牌孵化平台，成就民族的就是世界的！

## 愿景

深度开启教育智慧，让生命更幸福，让世界更美好！

"多种媒体在学前教育中应用研究"课题组

简介

北京芝兰玉树科技有限公司（含芝兰玉树教育研究院）为了研发高品质的教育内容和教育产品，服务学龄前儿童的全面成长，并为家长教育子女提供专业的个性化的指导方案，北京师范大学教育学部为了促进理论联系实际，服务幼儿教育改革发展实践，提升教育科研和人才培养的质量与水平，经双方协商，致力于合作开展"多种媒体在学前教育中应用研究"课题科研工作。

### 基本理念

关注儿童成长，为学龄前儿童及家长提供高质量的教育内容与服务。

### 课题目标和内容

1. 构建儿童成长指标体系。
2. 基于儿童成长指标体系，规划、设计教育内容体系。
3. 研究幼儿教育方法体系。
4. 基于教育内容与方法，研究、设计和开发综合教育产品体系，包括软件、多媒体课件、教材和教具等。

5. 合作构建幼儿教育产品评价体系。

6. 共同举办"关注儿童成长与教育"的研讨会、沙龙、论坛、峰会等。

7. 探索儿童多媒体教育产品设计行业标准。

## 课题组人员组成：

| | | | | |
|---|---|---|---|---|
| 项目策划 | 顾定倩 | 张京彬 | 杨　威 | |
| 组　　长 | 霍力岩 | 杨　威 | | |
| 副组长秘书长 | 朱文英 | | | |

成　员　祝士媛　刘美凤　李晓巍　万　鈁　王　雁　洪秀敏　李敏谊
　　　　韦小满　朱京曦　郑葳温　洪　博　齐晓恬　余海军　姜珊珊
　　　　孙　冰　冯　景　郑　艳　高宏钰　罗　丽　张晨辉　华春沁
　　　　鲁晓艳　李　程　王　丽　毕中情　董丽丽　李　璐　翁宁娟
　　　　王胜男　胡雯璟　陈智敏　王宝慧　温娇娇　马占潮　刘　伟
　　　　李少林　龚菲菲

# 《中国（0—6岁）儿童成长指标体系》科研项目组简介

  为促成技术与学术联姻，促进学前教育科学研究与成果转化，普惠当代中国儿童与家长，通过校企合作通道，2010年始，北京师范大学教育学部与北京芝兰玉树科技有限公司建立战略合作关系。经过双方协商，成立"多种媒体在学前教育中的应用研究"课题组，下设关联子课题，以科研项目合作方式进行具体运作。课题组组长霍力岩教授、杨威，课题组副组长兼秘书长朱文英，组成人员为北京师范大学教育学部各学院的教授、副教授、讲师、博士生、硕士生和芝兰玉树教育研究团队成员。北京师范大学教育学部·芝兰玉树教育研究院《中国（0—6岁）儿童成长指标体系》科研项目组，即为该战略合作科研课题之子课题科研项目组。

# 编后语

虽然我们竭尽全力整合各方面的专业资源，希望能够尽量全面、系统地整理儿童发展阶段性特征，梳理各个年龄段、各个领域中儿童成长发展指标，但是，在这个特定的时间段内，受到可接触、使用的参考文献的制约，以及团队成员能力结构的影响，致使我们不能做到理想中的那么完美。请大家包容这个版本指标体系的不够尽善尽美，同时也希望大家能够积极地给予继续完善的意见与建议。

儿童的成长是立体的、全方位的，因此对儿童发展阶段性特征的挖掘以及对儿童成长发展指标的梳理，也是一个没有尽头的工作。"中国（0—6岁）儿童成长指标体系"只是一个阶段性成果，随着对教育理解的深入，相关知识与经验的积累，我们将继续对其进行修订与完善，预期每隔3—5年对该儿童成长指标体系进行一次修订和完善。希望社会各界关心和有志于儿童教育事业的同仁积极参与其中，共同完善"中国（0—6岁）儿童成长指标体系"。

编　者